世界の広告クリエイティブを読み解く

山本 真郷・渡邉 寧 著

宣伝会議

JN081084

世界の広告クリエイティブを読み解く

はじめに

　海外の広告や映画・ドラマ作品を見て、心を揺さぶられることもあれば、違和感を覚えたり、意味が理解できない（笑いや感動のツボがわからない）と感じたことはないでしょうか？こうした感覚の違いを生む背景のひとつに「文化」の違いがあります。本書は異文化と関わるマーケターやクリエイターの方々に対して、世界の文化的価値観を分析する手がかりをご提供しようという試みです。

　多くの日本の方が日本文化と海外の文化は異なるという感覚を持ってらっしゃるのではないかと思います。しかし、日本文化の何が海外とは異なるのか、どのくらい異なるのか、その違いはどこの国との比較の中で存在するのか。そうしたことを体系立てて説明できる人はほとんどいないのではないでしょうか。

「文化的価値観」と言いますが、日本文化と海外の文化の価値観の違いを体系立てて学ぶことにより、海外のクリエイティブがどのような文化的価値観のもとに評価されているのかがわかるようになります。また、皆さまが海外・異文化に向けてクリエイティブを立案する立場にいらっしゃるのであれば、海外市場のどのような価値観を見据えて、広告表現をつくろうとしているのか、明確に説明できるようになります。

　本論に入る前に少しだけ著者紹介をさせていただきます。私たち著者は「異文化」を扱う仕事をしています。現在、山本真郷は富士フイルムのインドネシア現地法人の社長として、海外の現場、つまり異文化の中でマーケティング・企業経営に携わり、渡邉寧はホフステード・インサイツ・ジャパンの社長として、「文化」を切り口に企業の経営支援に携わっています。

20年以上前にさかのぼりますが、私たちは学生時代に「消費者行動論・マーケティング」を専門とする研究室（桑原武夫ゼミ、慶應義塾大学湘南藤沢キャンパス）でポストモダンマーケティングやデータサイエンス、ブランド論などについて共に学びました。当時インターネットが急速に普及し、あらゆる分野で境界線がなくなりグローバル化が加速していくように感じられた時代の変わり目にあって、「国や文化を超えてどのようにマーケティング、ブランディングを行うか」について、心理学・認知科学などを援用しその手法について研究していました。

（当時の研究は書籍『非営利組織のブランド構築ーメタフォリカル・ブランディングの展開』（山本・渡邊による共著、西田書店、2006 年）にまとめています）

　こうした問題意識を持ったまま2人は日系メーカーに就職し、マーケティングの実務家としてのキャリアをスタートさせていくことになります。山本は富士フイルムに入社し、これまで海外マーケティングを軸に、インスタントカメラの商品企画／グローバルブランディング、新規ビジネスの立ち上げから海外現地法人の経営まで、幅広い仕事に携わってきました。その間、海外（シンガポール、フランス、インドネシア）に10年以上駐在し、幼少期の欧米生活と合わせて6カ国で約25年を過ごしてきました。渡邊はソニーに入社し、7年にわたり国内／海外マーケティング（イギリス駐在含む）に従事した後、ボストン・コンサルティング・グループに入社。メーカー、公共サービス、金融など、幅広い業界のプロジェクトに4年間従事しました。その後独立し、組織開発での企業支援を行う傍ら、ホフステード・インサイツ・ジャパンの経営に携わり、現在、京都大学大学院人間・環境学研究科博士課程で、文化とこころの問題について研究をしています。

　以上の通り、私たちは異なるキャリアを歩んできましたが、国や文化を超えてどのようにマーケティングとブランディングの根幹をなす「クリエイティブ」に取り組むかについて、これまで研究室時代の延長のような形で議論し続けてきました。本書はそうした議論を一冊にまとめています。

　具体的には、世界のクリエイティブ事例を取り上げ、私たちの経験・知見と異文化理解の理論に照らして読み解いていきます。読者の皆さまには読み進めていくうちに異文化理解の手がかりを見つけていただけたらと思います。

もちろん、企業広告やプロモーションなどのクリエイティブには、マーケターやクリエイターによって練りこまれた深い狙いや意図が存在します。表現の受け手である著者たちが、優れた作り手の元々の狙いや意図を理解しきれるものではありません。一方で、グローバルで目にする優れた企業広告やプロモーションを素材とし、それを何とか読み解こうとする試みを通じて、グローバルに対して何らかのメッセージを発信しようとするこれからの発信者（私たち）に対して、世界の異なる市場の異なる価値観を構造的に理解するためのヒントを提供できるのではと考えます。

　なお、本書は雑誌『宣伝会議』での4年間（2017-2021年）の連載内容に、より踏み込んだ異文化理解の理論（ホフステード6次元モデル）や新たなクリエイティブ事例を加える形で再構成しています。本書で解釈を試みた具体的な事例を通じて、読者の皆さまにとって何らかの学びがあることを期待しています。連載後半の2020-2021年は世界的なパンデミックの時期でもありました。世界同時に起こった厄災に対して、世界のほとんどの人々が何らかの対応を求められました。そのため、人々や政府のみならず、企業のプロモーションやクリエイティブにもそれぞれの文化に特徴的な対応が見られました。私たちが経験した日本での対応との違いという観点から事例を見ることも、異文化理解につながるのではないかと思います。

　本書で取り上げたグローバルのクリエイティブ事例の多くは、ウェブ上で検索していただければ実際の映像や写真を見つけることができると思います。気になる事例を見つけたら、ぜひ実際のクリエイティブをご覧いただき、皆さま独自の解釈を試み、本書における解釈と比べていただければと思います。

なぜ異文化理解が重要なのか

（出典 Budweiser 公式サイト）

バドワイザー（Budweiser）というビールブランドがあります。アメリカミズーリ州セントルイスに本社があるアンハイザー・ブッシュ社が1876年から製造・販売しているビールです。2008年にベルギーのインベブ社が買収し、現在は世界シェアトップのアンハイザー・ブッシュ・インベブ社のブランドとして世界各地で販売されています。

バドワイザーのキャッチコピーといえば、「THE KING OF BEERS（ビールの王様）」で、今でもバドワイザーのブランドロゴは必ずこのキャッチコピーと併記され、非常に強固なブランドアイデンティティとして消費者にアピールされているのがわかります。

もう1つ、カールスバーグ（Carlsberg）というビールブランドがあります。カールスバーグはデンマークのコペンハーゲンで1847年に創業されたビールブランドです。バドワイザーと同じく19世紀から続く歴史あるブランドで、40カ国以上に醸造所を持つ世界第4位の世界ブランドです。

カールスバーグのキャッチコピーはちょっと変わっていて、「<u>PROBABLY</u> THE BEST BEER IN THE WORLD」です（下線強調は筆者追記）。バドワイザーのように最強だと言わずに、PROBABLY（たぶん）と謙虚さを加えているところがポイントで、このキャッチコピーは1973年から使われていたそうです。

EXPLORE OUR PRODUCTS
We have more than 140 brands in our portfolio

PROBABLY THE BEST BEER IN THE WORLD.

The very first Carlsberg beers were brewed by Carlsberg's founder J.C. Jacobsen in Copenhagen in 1847. Today Carlsberg is enjoyed all over the world!

(出典 Carlsberg 公式サイト)

　この2つのビールブランドの異なるキャッチコピーを見て、皆さんはどう感じますでしょうか？「面白いな」と思う方もいらっしゃるかもしれません。特に、カールスバーグは自社商品の宣伝なのに「Probably（たぶん）」というような曖昧な表現をキャッチコピーに入れています。この表現はとてもユニークに感じます。

　また、2つのブランドのイメージの違いを感じる方もいるかもしれません。バドワイザーのキャッチコピーからは、「ビールの王様は我々だ」というプライドと共に、マッチョなイメージを感じ、カールスバーグのキャッチコピーからは、マッチョさよりも謙虚さや柔らかさを感じるかもしれません。

　何を感じるかは人それぞれだと思いますが、私たちは、このような広告の違いを見ると、「なぜ」このようなメッセージ構造の差が表れるのか、に注目します。広告表現は消費者に受け入れられ、（多くの場合は好意的な）態度形成と反応を引き出すためにつくられます。そのため、消費者の価値観と照らし合わせて効果的な表現が選択されていきます。この過程で、ある市場、あるグループ、ある世代における支配的な価値観にクリエイティブの表現内容が影響を受けていきます。

　それはまさに氷山のようなものです。私たちが目にするクリエイティブの表現は水面上に出た目に見えるものですが、水面下には、目に見えない価値観が存在しています。この価値観に基づいて、我々が目にする広告やプロ

モーションは制作されており、ある市場、あるグループ、ある世代の価値観と、表現された広告やプロモーションが一致する場合、広告やプロモーションの効果は高くなります。

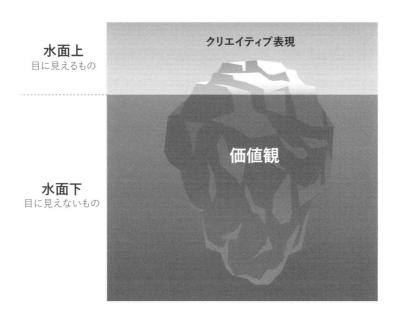

バドワイザーとカールスバーグは、それぞれアメリカとデンマークという異なる国の出自で、基礎としている文化的価値観が異なります。本書を最後まで読むと理解いただけるようになると思いますが、アメリカは「男性性」の文化的価値観を持っているのに対し、デンマークは「女性性」の文化的価値観を持っています。そして、バドワイザーとカールスバーグのそれぞれのメッセージは明らかに「男性性」と「女性性」の価値観を反映しているように見えます。

文化的価値観の影響は無意識的なので、もしかしたらそれぞれのキャッチコピーを作ったクリエイターも自分が無意識的に文化的価値観の影響を受けていることに気づいていないかもしれません。ある特定の市場に対して、長く・深くコミットしてクリエイティブの仕事をすればするほど、その市場が前提としている価値観が標準的なものだと思うようになっていきます。そし

て、その市場を理解し、受け入れられるクリエイティブを作ることには長けているが、それ以外の市場の価値観がうまく理解できず対応できなくなる可能性が発生します。

　こうした文化的な視野 狭 窄を避けるためには、理論の力を借りて、「なぜ」あるクリエイティブ表現がその市場で効果を持つのかを、一度分析的に考えることが有効です。そして、オランダの社会心理学者ヘールト・ホフステード博士が研究した6次元モデル（6D）というフレームワークは、多様な価値観を理解し、市場に適したクリエイティブを制作するためのひとつの考え方を提示してくれます。グローバルな活躍を目指すマーケターやクリエイターにとって大きな価値を提供してくれるでしょう。

　ところで、先程ご紹介したカールスバーグのキャッチコピーは20年の時を経てさらに面白い展開を見せています。2019年には元々のキャッチコピーに「NOT」を付け加えて、「PROBABLY **NOT** THE BEST BEER IN THE WORLD」（下線強調は著者追記）というキャンペーンを開始しました。これは、自社が量の拡大を追った結果、質の追求がおろそかになっていたのではないかという反省にもとづいており、「from head to hop（頭のてっぺんからホップまで）」醸造を見直し、また製品に関係したプラスチック使用を50％減らすなど企画から宣伝までの統合的なマーケティングキャンペーンとなりました。

（出典 Marketing Week）

　また、有機原料を使用したCarlsberg Hofという新商品に関しては、元々

のキャッチコピーの「in」を「for」に変えて、「PROBABLY THE BEST BEER <u>FOR</u> THE WORLD」（下線強調は著者追記）という、環境要素を強めたメッセージを発信していました。

（出典 adforum）

　私たちは、こうしたメッセージの背後に価値観の変化を見て取ります。ホフステード博士は文化的価値観の変化は50年、100年という長期の単位で進んでいくと指摘しました。文化的価値観は親から子どもへと伝達され、子どもは親の価値観とそれに基づく行動を見て、真似をして、学んでいくため、時代状況に合わせて変化するものの、その速度はゆっくりとした変化となります。そのため、「世代」くらいの単位で比較していくと、価値観の変化を観測することができるようになります。

　今の10〜20代といった最近の若い世代を見ていると、上の世代とは明らかに異なる価値観を持っていると感じます。世代間で価値観がだいぶ違うと感じることのひとつが「女性性の価値観の重視」です。世界的なリベラル化として表現されることもありますが、大量消費や物質主義のライフスタイルに魅力を感じず、所有するよりもシェアやサブスクリプションをうまく活用し、シンプルでミニマルなライフスタイルを志向する若い世代を多く見るようになりました。

もちろん所得など経済的な理由もあると思いますが、価値観としてサスティナブルであることを重要と思い、弱者やマイノリティに配慮し、ダイバーシティを重視する流れが近年強まっています。これは日本だけでなく世界的な潮流です。

　ホフステードの6次元モデルで言うと、これらは女性性の価値観に一致します。世界的に若い世代になればなるほど、こうした女性性の価値観との親和性が高くなっているように見えます。今の10〜20代は女性性が高い価値観を保有したまま年齢を重ねていきますので、このことは、時間が経つに従って、世界の中で女性性の高い価値観を持つ人の割合が増えていくことを意味します。

　価値観は、ゆっくりと、しかし確実に変化していきます。目の前にある、日本の、現在の価値観だけに着目していると、いつの間にか将来の大きく変化した世界の価値観が理解できなくなっている可能性があります。

世界を分析する「道具」を手に入れる

　私たちがこの本を書いている理由は、マーケターやクリエイターとして活躍される方々に対して、世界を分析する「道具」をお渡ししたいと思うからです。

　人は自分の価値観に照らし合わせてメッセージやクリエイティブを理解していきます。そのため、自分の価値観と照らし合わせて「面白くない／重要だと思わない」と感じるメッセージやクリエイティブは、目に入ってこないか、目に入ってきたとしても、無意識的に無視をしたり反発したりしてしまい、意図した効果とはならないことが大半です。

　昨今では、世界のネット化によるフィルターバブル（見たくない情報はアルゴリズムが遮断してしまい、自分の見たい情報しか見えなくなること）の問題が言及されています。人は自分の価値観に近いものに対して好意や親しみを感じ、自分の価値観と異なるものに対して嫌悪や親しみにくさを感じます。

テック企業のアルゴリズムの影響が世界的に大きくなっていることも大きな社会課題ですが、自分とは異なる価値観を持つ人たちに対して、それでもなんとかしてメッセージを届けたいと思うのであれば、自分（たち）はどのような価値観を持っていて、他の人々はどのような価値観を持っているのかを俯瞰して理解した上で、コミュニケーションプランを考えていく必要があります。

　この分析を行うための「道具」がホフステードの6次元モデルです。通称6Dと言われますが、これはホフステード博士が1960年代末から研究を行い構築したもので、国レベルで変わる文化を数値で表すモデルです。国の価値観の違いを理解するフレームワークですが、消費者行動分析やマーケティングの領域でも活用されています。6Dを学ぶことで、マーケターやクリエイターの皆さまは次のような学びが得られるはずです。

・世界各地の価値観の違いを理解することができるようになります。
・世代によって変化する、価値観の大局的な流れを理解することができるようになります。
・価値観を理解することで、ある広告表現やメッセージが「なぜ」ある市場／セグメントでは好意的に受け入れられるのに、他の市場／セグメントでは効果がないのかが理解できるようになります。
・どのような方向性で広告表現をつくると効果的かを、分析的に考えることができるようになります。

　ホフステードの6Dは、大規模データの分析に基づき科学的根拠が十分に検討された信頼性・妥当性が高いモデルです。元々は1960年代末から1970年代にかけて行われたIBMでの調査から研究された指標で、その後多くの研究者が追調査を行っています。よく、「ホフステード指標は古いのではないか？」というある意味当然の批判を受けますが、その検証も別の研究者によってなされています。2015年に世界価値観調査（World Values Survey）という別のデータを使ってホフステード指数の現代的な変化を確認した研究では、再現された次元に関して世代的な変化は見られるものの、世代的な変化はほぼ全世界で同じような傾向を見せているため、国の相対的な文化差自体は比

較的安定しているということが発表されました。

　いくつか存在する文化次元モデルの中で、他の研究者に引用される回数が圧倒的に多いのがホフステードで、論文の検索エンジンであるGoogle Scholarで調べると、ホフステードはこれまで他の研究者から23万回引用されているのがわかります。このことは、マーケターやクリエイターが参照するにあたり、ホフステードの6Dが最も信頼性・妥当性が高いモデルであることを示しています。同時に、世界中の多くの研究者が今でもホフステードの6Dを使った研究を続けていることも示しています。マーケティング領域でもホフステードモデルを基にした研究がなされており、消費者理解に活用されています。

　確かに、ホフステードの6D以外にも国レベルの文化を数値化するモデルや理論は存在します。また、グローバル化やインターネット化が進む中で、「国」単位で文化を語ることには限界があるのではないかという批判もあると思います。こうした批判を踏まえた上で、それでもなお学術研究の中で最も参照されることの多いホフステードモデルから、まずは異文化理解を進めることは、多くの人にとって有益な経験となると思います。

　日本のマーケターやクリエイターの皆さまにも、ぜひホフステードの6Dを出発点として、世界中の研究者の知見を活用していってほしいと思います。

目 次

はじめに ………………………………………………………………………………………… 2
　なぜ異文化理解が重要なのか／世界を分析する「道具」を手に入れる

第1章
ホフステードの6次元モデルとは

1　権力格差（Power Distance）……………………………………………………… 21

2　集団主義／個人主義（Individualism）………………………………………… 26

3　女性性／男性性（Masculinity）………………………………………………… 31

4　不確実性の回避（Uncertainty Avoidance）………………………………… 38

5　短期志向／長期志向（Long/Short Term）………………………………… 43

6　人生の楽しみ方（Indulgence）………………………………………………… 47

メンタルイメージ（Mental Image）…………………………………………………… 51

　　1　競争（Contest）／ 2　ネットワーク（Network）／
　　3　油の効いた機械（Well-Oiled Machine）／ 4　ピラミッド（Pyramid）／
　　5　太陽系（Solar System）／ 6　家族（Family）／ 7　日本（Japan）

第2章
広告賞受賞作品を読み解く

インド｜殺虫剤ブランドが開発した特殊な蚊取り線香パッケージ
Maxx Flash「The Killer Pack」 **IDV** **UAI** ………… 62

スウェーデン｜スウェーデン食品連盟による問題提起ムービー
The Swedish Food Federation「Eat a Swede」 **MAS** **UAI** ………… 65

ベルギー｜囚人のための初のeサイクリングチーム
Decathlon
「The Breakaway-The first eCycling team for priisoners」 **IDV** **MAS** ………… 68

台湾｜結婚に揺れ動く若い女性の心を描いたショートムービー
Sinyi Realty「In Love We Trust」 **PDI** **IDV** **LTO** ………… 71

イギリス | 早逝したサッカー選手を"起用"した寄付キャンペーン
Kiyan Prince 基金「Long Live The Prince」 **IDV** **MAS** **Mental Image** ┈┈┈┈ 75

フランス | フランスの国民的炭酸飲料の「上下逆さまな」
パッケージデザイン
Orangina「The Upside Down Can」 **PDI** **IDV** ┈┈┈┈ 79

ドイツ | ルノーによる安全訴求キャンペーン
「車が登場しない衝突実験」動画
Renault Germany「Crash Test」 **Mental Image** ┈┈┈┈ 82

中国 | Nike が旧正月に合わせて公開した「追いかけっこ」ムービー
Nike China「Lunar New Year:The Great Chase」 **IDV** ┈┈┈┈ 86

フランス | マイナスイメージを逆手に取る
東欧自動車ブランドの広告宣伝
Skoda France
「Ugly in the 90s」 **LTO** **IVR** ┈┈┈┈ 89

ナイジェリア | 「不快」な広告クリエイティブに課された役割
The Hook Creative Agency
「THIS IS A DISGUSTING AD.」 **IDV** ┈┈┈┈ 92

ドイツ | 風刺の効いたフェムバタイジング『タンポンの本』
The Female Company『The TAMPON BOOK』 **IDV** **MAS** ┈┈┈┈ 96

フランス | 賛否両論も織り込み済み ルノーの実験的 CM
Renault「New Renault KADJAR-Escape To Real」 **IDV** ┈┈┈┈ 99

ナイジェリア | ロックダウン下の「Stay Home」広告
ナイジェリアの貧困層に届ける工夫
The Hook Creative Agency「HANGRY MAN」 **IDV** **MAS** ┈┈┈┈ 102

欧米 | パンデミック下の広告は適切?不適切?
調査から見える欧米 5 カ国の違い
広告に対する意識調査 **MAS** ┈┈┈┈ 106

第**3**章
グローバルチェーンのコミュニケーション
──バーガーキング広告の多国間比較

日本 | マクドナルドに対する隠しコメントに"日本らしさ"を見る
バーガーキング秋葉原昭和通り店 店頭ポスター **IDV** **MAS** ┈┈┈┈ 112

イギリス | 個人主義文化だから成立する あからさまな比較広告
「A Whopper of a Secret」 **IDV** **MAS** ┈┈┈┈ 117

| デンマーク フィンランド | 困っている人を助けずにはいられない？ 北欧の 2 つのキャンペーン 「The Whopper Reply」「Love Conquers all.」 IDV MAS | 119 |

| フランス | 宿敵マックを応援？意外な声明でフランス人の心をつかむ 「Commandez chez McDo.」 PDI MAS | 122 |

| インドネシア | インドネシアのバーガーキングが 聴覚障害者の採用促進に示した " 本気 " 「Voice of the Silent」 IDV MAS | 125 |

| インド | 孤独な男性はあの人？インドのバレンタインデー施策 「Valentine's Day # LonelyNoMore」 IDV | 128 |

| ブラジル | AR で競合の広告を燃やせ！ブラジルの販促キャンペーン 「Burn That Ad」 IDV | 130 |

| フランス | どっちが一枚上手？マクドナルドと比較広告で攻防戦 「#McDriveKing」「#BetterToBeTheBurgerKing」 PDI IDV | 132 |

| ドイツ | 量が多くて値段も安い！明快にお得感を訴求する比較広告 「Ronald McDonald at Burger King」 IDV MAS | 136 |

| ドイツ イタリア | コロナに挑む欧州バーガーキングの面白クリエイティブ 「Social Distancing Crown」「Social Distancing Whopper」 UAI Mental Image | 139 |

| アメリカ | マクドナルドの顧客を奪え！ 型破りなデジタルプロモーション 「The Whopper Detour」 IDV MAS Mental Image | 143 |

| モロッコ | アラブ圏初のマクドナルドは「スマイル 0 円」が 逆効果になる世界 マクドナルド現地化の取り組み IVR | 146 |

| フランス | フランス人の本物志向に訴求 ひねりの効いた KFC の比較広告 KFC France「Unalike」 Mental Image | 150 |

第4章
地域に根差す小売店のコミュニケーション

| フランス | サステナブルに生まれ変わる パリのエシカルなセレクトショップ セレクトショップ「Merci」 MAS | 154 |

| フランス | ドイツのディスカウントスーパー Aldi、 フランスの先入観に切り込む ディスカウントスーパー「Aldi France」 UAI LTO | 157 |

フランス | 「メイド・イン・フランス」を
活かしたストーリーテリング
下着メーカー・専門店「Le Slip Français」 **PDI** **IDV** **UAI** ……… 160

フランス | パリに新たな流行発信基地 キュレーションのスペクタクル
セレクトショップ「nous」 ……… 164

フランス | アフリカ・コンゴ代弁者の
コンゴ | 華麗なるソーシャル・マーケティング
紳士服店「SAPE & CO」 **IDV** **MAS** ……… 167

ドイツ | スーパーマーケットで「恋活」!?
フランス | コロナ禍のドイツとフランスでの試み
スーパーマーケット「Edeka」「E.Leclerc」の
バスケット・デーティング企画 **IDV** ……… 171

第5章
サービス・プロダクトに見られる文化差

フランス | 隙間時間で文学復興（ルネサンス）「物語の自動販売機」
Short Edition「物語の自動販売機」 **Mental Image** ……… 176

フランス | 車中のおしゃべりはお好きですか?
人気のライドシェアサービスの秘訣
ライドシェアサービス「BlaBlaCar」 **UAI** ……… 180

フランス | もしも運転中に恋に落ちたら、ナンバープレートを控えよう
マッチングサービス「Carimmat」 **UAI** ……… 182

ナイジェリア | インスタント写真が 会えない「家族の絆」を深める
富士フイルム「チェキ (instax)」 **IDV** ……… 185

フランス | フランス人の心をつかむ数字「3615」の正体とは?
クラブ「3615Bar」他 **UAI** ……… 188

フランス | スポーツの根源的価値を問う「五輪メダル」のイノベーション
パリ五輪のメダルデザイン **IDV** **MAS** ……… 191

フランス | 「ニセの建物」の役割とは?華の都「パリ」の舞台裏
パリの景観保全 **UAI** ……… 194

フランス | ところ変われば商品は変わる、
似て非なる日仏の「食品用ラップ」
日本とフランスの日用品比較 ……… 197

西アフリカ | アフリカ系商人の心を動かしたビジネス交渉術とは?
アフリカ系商人の商習慣 **PDI** **MAS** **UAI** **LTO** ……… 200

エチオピア | 遠くて近い国「エチオピア」の日本と通ずるおもてなし文化
客人をもてなす「コーヒーセレモニー」 **IDV** ……… 204

エチオピア | 欧米企業が撤退するアフリカで中国が躍進する理由
華人コミュニティの進出 **PDI** **IDV** **UAI** ……………………… 207

第6章
社会課題・人権意識のムーブメント

フランス | Amazon 独走に「待った」背後に潜む「女性性」の価値観
「Stop Amazon」運動 **MAS** ………………………… 212

フランス他 | 欧州で広がるチェキの「写真バッジ」
―― 医師に気づかされた製品価値
富士フイルム「写真バッジ」 **IDV** ………………………… 216

フランス | 芸術性を排除しアーティストになった男、
広告業界に一石を投じる
ストリートアーティスト「JOHN HAMON」 **Mental Image** ……… 219

フランス | あふれる「色」と「モチーフ」で
フランス社会を揺さぶった大規模デモ
「黄色いベスト（Gilets Jaunes）」運動 **IDV** ………………… 222

フランス | コロナ禍のパリに登場した癒しのショーウィンドウ
「ゴブラン通りのテディベア（Les Nounours des Gobelins）」 **MAS** ……… 225

フランス | 「ブラックフライデー」に反発
過剰消費の流れに歯止めか?
「Green Friday」運動 **MAS** **LTO** ……………………… 229

フランス | セクハラ論争で揺れるフランス スマホ広告でセクハラ撲滅!?
Ogilvy Paris「Non C'est Non」キャンペーン **MAS** …………… 232

column
フランスの日常生活から

フランス流の問題解決法「システムD」で
うまく切り抜ける **IDV** **UAI** ———————————————— 236

フランスでは消防士がモテる
文化によってヒーローは変わる **IDV** **MAS** **UAI** ———————— 239

フランス人上司のフィードバックはいつも厳しめ？ **PDI** **IDV** ———— 243

牛の鳴き声が進行役？
国民性を反映した「会議の工夫」 **PDI** **IDV** **UAI** ———————— 246

フランス人はこうして大人になる
粋な「成人の贈り物」 **PDI** **IDV** ———————————————— 250

「手書き」を重視するフランス —— ハレの日から日常まで **IDV** **UAI** —— 253

ボールペンが育む国民文化
——間違いを"消さない"教育から学ぶ **MAS** **UAI** ———————— 256

おわりに ———————————————————————————— 260

出典サイト一覧・参考文献 ———————————————————— 262
付録「6次元モデル」の国別スコア一覧 ———————————————— 263

第 **1** 章

ホフステードの
6次元モデルとは

ホフステードの 6 次元モデル（6D）では、
国レベルの文化的価値観がどのように異なるかを
「権力格差」「集団主義／個人主義」「女性性／男性性」
「不確実性の回避」「短期志向／長期志向」
「人生の楽しみ方」の 6 つの次元の指標（数値）で表します。
6D のそれぞれの次元について、具体的な事例を
交えながら見ていきましょう。

1
権力格差
[PDI]
Power Distance

2
集団主義
個人主義
[IDV]
Individualism

3
女性性
男性性
[MAS]
Masculinity

4
不確実性の
回避
[UAI]
Uncertainty
Avoidance

5
短期志向
長期志向
[LTO]
Long / Short Term

6
人生の
楽しみ方
[IVR]
Indulgence

ホフステード
6次元モデル
6 Dimensions

ホフステードの6次元モデル（6D）

本章掲載の図表 ©Hofstede Insights

1 権力格差 (Power Distance)

　集団の中には、権力を持っている人と、持っていない人がいます。国レベルの集団であれば、大統領や首相などは権力を持って政治をすることが多くなりますし、会社レベルの集団であれば、社長や役員が権力を持っていることが多いでしょう。

権力の**弱い**成員が、
権力が不平等に分布している状態を
予測し受け入れている程度を指す。

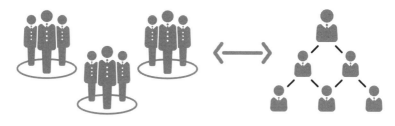

　こうした権力の分布が集団の中でばらついている状況は、どのような集団でも共通して見られる普通のことです。しかし、そのような権力の不平等な分布に対して、権力を持たない弱い人たちがどのように感じるかは文化によって変わってきます。この文化差を説明するのが権力格差 (Power Distance) という次元です。

　権力格差が高い文化では、権力者が強い権力を持って社会や組織をリードするのは当たり前のことだと考えられます。そのため、階層的なマネジメント体制が作られ、理想の上司は「親のようなもの」だと考えられます。人々はヒエラルキーを尊重し、権威に対する尊敬は人々の義務であると考えられます。社会や組織は中央集権的で指示命令型になりがちで、マトリックス管理が馴染みにくくなります。マトリックス管理とは複数の上司に対して報告

する形式のマネジメント手法です。また、権力格差が高い文化では、下の者が上司や年長者に対して敬意を示すのが当たり前と考えられます。

　一方で、権力格差が低い文化では、権力が一部の権力者に集中することを良しとしません。権力格差が低い文化においては、政治や企業マネジメントに、権力者だけでなく普通の人々が参加することは当たり前で、理想の上司は「コーチのようなもの」だと考えられます。ヒエラルキーは便宜的なものに過ぎないと考えられるので、例えば会社の中の役職者は、役割として肩書があるだけで、役職者と非役職者は平等だと考えられます。そのため、社会や組織の運営は分権的になり、マトリックス管理のようなマネジメント手法も違和感なく受け入れられます。また、権力格差が低い文化では、人は早くから自立を促され、年長者への敬意は希薄であると言われています。

0	50	100
Low 小さい		大きい **High**
参加型マネジメントの傾向		**階層型**マネジメントの傾向
理想の上司は「**コーチ**」		理想の上司は「**親**」(家父長)
ヒエラルキーは**便宜上**必要 (「権威」ではなく)「影響力」が 成功のカギ		ヒエラルキーは**重要** 権威への尊敬＝義務
分権やエンパワーメント		**中央集権、指示命令**
マトリックス管理： **2人**以上の上司への報告が可能		**上司1人**への報告が基本で、 マトリックス管理は馴染まない
早くから自立を促され、 年長者への**敬意は希薄**		下の者は上司や年長者の 言うことを聞き、**敬意を表す**

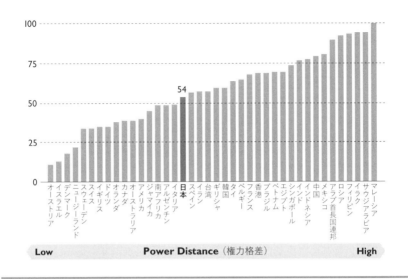

縦軸目盛り: 100 / 75 / 54 / 50 / 25 / 0

横軸（国名、左から右へ Low → High）:
オーストリア / イスラエル / デンマーク / ニュージーランド / スウェーデン / スイス / イギリス / ドイツ / オランダ / カナダ / オーストラリア / アメリカ / ジャマイカ / 南アフリカ / アルゼンチン / イタリア / 日本 / スペイン / イラン / 台湾 / ギリシャ / 韓国 / ベルギー / タイ / フランス / ブラジル / 香港 / ベトナム / エジプト / シンガポール / インドネシア / 中国 / メキシコ / アラブ首長国連邦 / ロシア / イラク / フィリピン / サウジアラビア / マレーシア

Power Distance（権力格差）

　日本の権力格差のスコアは54です。50より高いスコアを示しており、日本は権力格差が低い文化とは言えませんが、かと言って権力格差が高い文化とは言い切れない「真ん中くらい」の文化的傾向であることがわかります。

　権力格差の違いは、例えば、名前の呼び方の違いに表れます。アメリカは権力格差が低く（PDI=40）、人の名前はファーストネームで呼ぶことが一般的です。「ハイ、ジョージ！」というように部下が上司をファーストネームで呼んでも、上司はそれを自然に感じることが多くなります。一方、権力格差が高い文化では、上司や目上の人の名前を呼ぶときには敬称をつける傾向が高くなります。日本は権力格差が低い文化ではないため、例えば会社で上司の名前を呼ぶときは〇〇部長というように肩書をつけたり、〇〇さんというように敬称をつけたりすることが多くなります。

　文化に「良い」「悪い」はないのですが、権力格差が高い文化の価値観と、権力格差が低い文化の価値観は大きく異なります。このズレがビジネスでは大きな摩擦を生むことがあります。例えば、スウェーデンの家具量販企業であるIKEAはグローバルにビジネスを展開していますが、グローバルで使用していた英語版カタログをサウジアラビアでローカライズする際に、カタロ

グの写真から女性を消す修正を施しました。この理由は明確には説明・報道されていませんでしたが、この修正は女性差別と受け取られ、本国スウェーデンで怒りを伴った大きな反感を呼びました。BBCの取材に対し、IKEAは「私たちは全ての人の基本的人権の尊重を支持しており、どのような差別も受け入れない」とのコメントを出しました。

　ここでのポイントは、カタログから女性を消したことがスウェーデンの人たちの「怒り」を呼び起こしたということです。スウェーデンは権力格差が低い文化です。女性を消した経緯が明確に語られなかったとしても、こうした修正を「トップダウンで強行した」ように見える状況は、権力格差が低い文化の人たちにとっては価値観に反した行為に見える可能性が高くなります。価値観に反する行動を見ると、人は多くの場合強い怒りの感情を感じます。IKEAのカタログの事例は、権力格差に関する文化差のズレの事例と考えることができるかもしれません。

（出典 BBC news）

　権力格差の大・小の違いは、組織内のマネジメントにおける上司・部下の関係の当たり前の違いとしてよく出てきます。権力格差が小さい文化において、上司が権威を示す行動（上下関係を意識させるような話し方やトップダウンで指示命令を出すこと等）を取ると、それは部下から見ると「威張っている」や「融通が利かない」「パワハラだ」と感じられる可能性が高くなります。一方、逆に、権力格差が高い文化であるにもかかわらず、そこで上司が権威を示す行動を取らないと、それは部下からは「上司らしくない（マネジメントとして

は無能)」と感じられる可能性が高くなります。

		権力格差 小 の文化	権力格差 大 の文化
上司が	権威を 示す	威張っている 融通が利かない パワハラ傾向のある上司 と感じられる	―
	権威を 示さない	―	無能な上司 と感じられる
部下が	権威に おもねる	卑屈で盲従する部下 主体的でない臆病な部下 と感じられる	―
	権威に おもねらない	―	侮辱されたと感じる ストレスがたまる 無礼だと感じられる

2 集団主義／個人主義 (Individualism)

　2つ目の次元は集団主義／個人主義です。社会の中で、個人は「他の個人から独立した存在である」と考える文化と、「個人は集団（内集団）の一員である」と考える文化があります。この文化の違いを表しているのが、集団主義／個人主義（Individualism）という次元です。

集団主義＝拡大家族や組織等、
　　　　　結びつきの強い**内集団を重視**する。
個人主義＝**自分自身**と直接の**家族を重視**する。

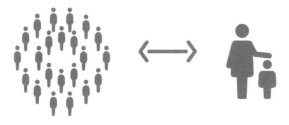

　ホフステード指標では、0に近づけば集団主義傾向が強くなり、100に近づけば個人主義傾向が強くなると考えます。

　個人主義傾向の強い文化では、「私」という個人の意見や、経済的・心理的ニーズが重視されます。一番大切なのは、当然「私」の意見やニーズなのですが、同時に他者には他者の意見やニーズがあるということを理解しているため、明白なコミュニケーションをして利害調整を行います。会社の中だと、連帯責任のような概念は発生しにくく、フィードバックはあくまで個人に対してなされます。独立した個人が自分自身への責任のもとに働くのが当たり前なので、罪の意識を感じたり自尊心を喪失することを避けるように、各個人が努力します。また、職場では公私の境なく深い人間関係を築くというよりは、あくまで職務が優先され、プライベートとは切り離されて考えら

れるのが当たり前になります。

　一方で、スコアが0に近づくと、その文化は集団主義の傾向を帯びてくることになります。集団主義の文化では、個人は集団の一員と考えられるので、「私たち」という所属集団の意見が重視され、集団のメンバーは他のメンバーと相互に察し合い、尊重し合い、グループ内の調和を保とうと考えます。あまりはっきりとした個人の意見を表明するとグループ内に軋轢が生じるので、コミュニケーションは暗黙的になり、空気を読む傾向が強くなります。

　また、会社の中だと、失敗やミスに対して連帯責任を求める傾向が出てきます。そのため、フィードバックは個人ではなく集団に対してなされるようになります。個人は自分が所属する集団の一員であるため、グループの恥になることや、グループの面子を潰してしまう行動を取ることを全力で避けようと考える傾向が強くなります。職場では公私の境なく、まずは人間関係をつくることが重要で、仕事とプライベートの境目は曖昧になりがちです。

0	50	100
Collectivism 集団主義		個人主義 **Individualism**
"We"「**私たち：所属集団**」		"Self , I"「**私**」
所属**集団**の意見、メンバーを尊重		**個人**の意見、個人の経済的・心理的ニーズの尊重
暗黙のコミュニケーション 調和を重んじ、直接的な対立を避ける		**明白**なコミュニケーション 自分の意見を述べ、対立は必要なものとして捉える
集団へのフィードバック		**個人**へのフィードバック
恥：**面子**を失う／家族や所属集団への責任		罪：**自尊心**の喪失／自分自身への責任
職務より「**人間関係**」を優先		人間関係より「**職務**」を優先

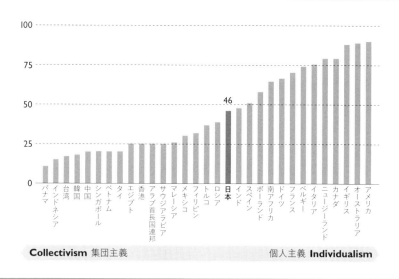

100

75

50

46

25

0

Collectivism 集団主義　　　　　　　　　　　　個人主義 Individualism

パナマ／インドネシア／台湾／韓国／中国／シンガポール／ベトナム／タイ／エジプト／香港／アラブ首長国連邦／サウジアラビア／マレーシア／メキシコ／フィリピン／トルコ／ロシア／日本／インド／スペイン／ポーランド／南アフリカ／ドイツ／フランス／ベルギー／イタリア／ニュージーランド／カナダ／イギリス／オーストラリア／アメリカ

　日本のスコアは46です。50より低く個人主義の文化ではないことは明確です。多くの方は日本は集団主義の文化だと感じられるかもしれません。ただ、世界の中で集団主義の文化なのかと言われると、なんとも言えない真ん中のスコアというのが日本の立ち位置になります。

　集団主義／個人主義の違いは、広告表現でよく目にすることができます。例えば、次ページにあるのはFedExとDHLの広告です。FedExとDHLは共にグローバルで配送サービスを提供している運送会社です。上の広告では白いFedExのトラックが黄色いDHLのトラックを上書きしていて、「FedEx, always first.」とメッセージが書いてあります。これは、FedExの方が、DHLよりも「速い」ということを明確に主張した広告表現になっています。競合のブランドを明示して、自分たちの方が優れているということを明確に言うことには、日本の文化では多くの人は躊躇するかもしれませんが、個人主義の文化では「良いものは良い」「安いものは安い」と明確なコミュニケーションを行うことが普通です。

（出典 appnova.com）

　また、このFedExの広告に対しては、直接比較されたDHLも負けておらず、例えば下の広告では、FedExのみならず、別の競合であるUPSのロゴも利用して「Fed up?（うんざり?）」というメッセージを作って応戦しています。

（出典 appnova.com）

　権力格差の項でも述べましたが、どのような広告・メッセージを「面白い」「自然だ」「優れている」と思うのか、もしくは「不快だ」「不自然だ」「危険だ」と思うのかは、文化的価値観によって変わってきます。

　集団主義において、あまりに直接的な個人主義的メッセージに接すると、それは「侮辱」「無作法」なものと感じられる可能性があり、逆に、個人主義の文化において、あまりに曖昧な表現をすると「正直さに欠ける」「公平でない」と捉えられる可能性があります。市場に対して表現を行う場合には、自分がよって立っている文化的価値観における当たり前を意識した上で、その当たり前が異なる文化的価値観においても有効かどうか深く考える必要があります。

3 女性性／男性性（Masculinity）

　3つ目の次元は女性性／男性性（Masculinity）です。この次元は、理解するのに少々注意が必要です。というのも、次元の名前に男・女という文字が入っているため、多くの人がジェンダーの次元だと理解をするからです。次元の定義を見ると、確かにジェンダーの要素も入っているのですが、この次元はジェンダー次元というより、モチベーションの源泉が文化によって異なるということを示している次元と理解した方が、ビジネスに関わる方々にとってはわかりやすいと感じます。

競争原理の中で
弱者への思いやりや**生活の質**を重視するか、
業績、**成功**や**地位**を重視するか。

　ホフステード指標では、スコアが0に近づくと女性性の傾向が強くなり、100に近づくと男性性の傾向が強くなると考えます。

　世の中には「競争」が存在します。競争が起こると、勝者と敗者が生まれます。競争自体はどの文化においても存在するものですが、競争が起こる際に、社会が何に対して注目し、人々が何に対してモチベーションを感じるのかは文化によって異なります。

　男性性が高い文化においては、勝つことに社会的な価値が置かれ、勝者に

注目が集まります。よって成功した人が称賛されます。個人は、成功し高い地位を獲得することにモチベーションを感じ、他者よりも秀でていることを重視します。そのため、明確な目標やターゲットを持つことが良いと考えられます。

　組織においては、良い上司は決定力があり、自分の決断を明確に伝えて推し進める人である傾向が強くなります。インセンティブとしては、昇給・昇格・賞賛に加え、チャレンジングな仕事も含まれます。難しい仕事を達成したことのご褒美がより難しい仕事ということがあり得ます。また、家庭より仕事を重視する傾向が強いのも男性性の高い文化の特徴です。ジェンダーの要素としては、男性性が高い場合、男性と女性が社会の中で果たす役割は違っているのが当たり前と感じられる傾向が強くなります。

　一方、女性性の高い文化では勝者よりも敗者に着目します。男性性では勝つことに社会的価値が置かれ、勝者が称賛されますが、女性性においては、負けた人・弱者に対して、社会として思いやりを持って接し、包摂性の高い社会を実現し、生活の質を社会全体として担保していくことに価値が置かれます。こうした女性性の文化を持つ社会は福祉社会型の社会システムを持ち、弱者を支援する仕組みが多くなります。社会の中で重視されるのは、生活の質・連帯・協力です。目的や目標はあくまで方向性を示すものと考えられ、高い目標を達成すること自体はモチベーションの源泉にはなりにくくなります。

　組織においては、良い上司とは関係構築力がある人のことで、組織内の意見をまとめるために一人ひとりに対して「あなたはどう思う?」と聞いてきたりします。インセンティブは金銭的なものだけとは限らず、生活の質を高める労働環境なども含まれます。また、仕事よりも家庭を重視するのも女性性の高い文化の特徴です。ジェンダーの要素としては、女性性が高い場合、男性と女性が社会の中で果たす役割は同じであってほしいと期待されます。

0	50	100

Femininity 女性性   男性性 **Masculinity**

福祉社会：弱者を支援	**業績重視**の社会：成功者を賞賛
生活の質、連帯、協力を重視	**成功、地位、他者より秀でる**ことを重視
目的や目標は**方向性を示すもの** (達成するものではなく、 状況に応じて変わる)	**明確**な目標とターゲット
良い上司：**関係構築力**があり、 意見をまとめることに長けている	良い上司：**決定力**があり、 アサーティブ（決断を明確に伝える）
インセンティブ：金銭的なものだけで なく、**生活の質を高める**労働環境	インセンティブ：**昇給、昇格、賞賛、 チャレンジ**のある仕事
仕事より**家庭**	家庭より**仕事**
男性と女性の果たす役割について、 感情的に**同じ**ものを期待する	男性と女性が果たす役割に対して、 感情的に**異なる**ものを期待する

　日本の女性性／男性性のスコアは95です。これは日本が極めて男性性の高い文化であることを示しています。この本を読まれている皆さまの中には、「日本はそこまで男性性が高い文化だとは思わない」と感じる方もいらっしゃるかもしれません。ただ、定義と照らし合わせて考えると、下記のようなポイントには日本の男性性の高さを感じる方も多いのではないでしょうか。

　まず、「家庭より仕事」という感覚は根強く観察されます。特に中年以上の男性の中にはこの点に関して同意される方も多いのではないでしょうか。企業における残業は、ワークライフバランスに関する政策的な介入がなされるまで大きな問題で、今でも残業を厭わない傾向は中年の男性を中心に残っているかもしれません。また、家事や育児に積極的な男性は、中年以上の世代では限定的で、家事や育児は女性（できれば専業主婦の妻）に任せ、仕事上の評価を獲得することが重要だと考える傾向は根強く残っているかもしれません。

「勝ち組」という言葉も男性性の高さを表しています。多くの人が「勝ち組」になりたいと願っていますが、これは裏を返して言えば「負け組」には絶対になりたくないという思いの表れとも考えられます。男性性が高い文化においては、勝者は称賛されますが敗者はケアされません。そのため、一度「負け組」になってしまうと社会から全くケアされなくなってしまうのではないかという恐れが生じ、それが「勝ち組」所属欲求につながっていると考えることもできます。

　企業においては、「目標必達」「失敗に対して不寛容」という傾向が強く見られることがありますが、これも男性性の高さとつながっています。あまりにも失敗に対して不寛容なので、逆にチャレンジをするモチベーションをくじいてしまっている事例もよく見られます。

　最後に、ジェンダー問題に関して言えば、日本の男性性の高さは指数で見て取ることができます。日本のジェンダーギャップ指数は146カ国中の116位（2022年）で、社会における男性と女性の役割に大きな差があることがわかります。

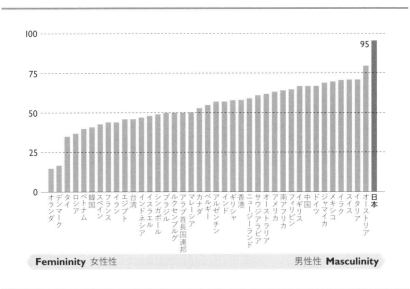

女性性／男性性の違いは、近年広告表現において重要な次元になってきています。というのも、世界的に見ると、特に若年層を中心に男性性よりも女性性の価値観の方が一般的になっているように観察されるからです。10〜20代といった若い世代を見ていると、明らかに男性性ではなく女性性の価値観を持っている割合が高いように思います。

　「ワークライフバランスを重視する」「LGBTQ+といった社会的マイノリティを社会として包摂する」といったことを当たり前とする若い世代が増えていることを肌感覚で実感する方も多いのではないでしょうか。6Dでは、これらは女性性の価値観の表れとして説明されます。こうした世界的な価値観の変化に対応するために、世界の広告も変わりつつあります。

　例えば、ナイキのCMは多くの場合、勝敗があるスポーツに関係する商品であることが多いため、「勝つこと」「強くなること」「成功すること」の価値を全面に出したメッセージやクリエイティブになっています。これらは代表的な男性性の価値観です。しかし、近年は女性性の価値観を基本とした表現が重要になったからか、マイノリティや弱者に焦点を置いたメッセージやクリエイティブも見受けられます。

　例えば、2017年にナイキ・ロシアがリリースし、この年のカンヌライオンズでゴールドを受賞したCMでは、「女の子は何でできているの？（What are girls made of?)」という歌の中で、ロシアの有名な童謡（女の子は花や噂や甘いものでできている…という女性へのステレオタイプな価値観にもとづいた歌詞）を「女の子は鉄の意思と努力、戦いからできている」と真逆の替え歌にして歌うことで、女の子が女性という固定観念を自ら破るストーリーになっています。

「勝つこと」「強くなること」「成功すること」という男性性の価値観のメッセージにも見えますが、同時にそれを、男性中心の社会では伝統的に弱い存在に位置づけられる「女の子」に紐づけることによって、女性性と男性性の両方の価値観に接続させようという意図が見て取れます。

　女性性／男性性の次元は、ホフステードの6Dの中で最も議論が絶えず、ホフステード博士はこの次元に特化した著書を出したほどですが、マーケティングやクリエイティブに携わる方々にとっては、大変示唆深く、今後の世界的な価値観の変化を予測するにあたって重要な次元と考えられます。

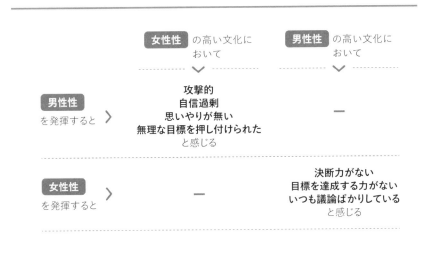

		女性性 の高い文化において	**男性性** の高い文化において
男性性 を発揮すると	＞	攻撃的 自信過剰 思いやりが無い 無理な目標を押し付けられた と感じる	―
女性性 を発揮すると	＞	―	決断力がない 目標を達成する力がない いつも議論ばかりしている と感じる

　女性性／男性性も、その他の文化次元と同様にどちらが良くてどちらが悪いという評価はないのですが、相互の価値観に対して違和感を抱く原因となる可能性があります。

女性性が高い文化（例：生活の質や弱者支援、連帯・協力を重視する文化）において男性性を発揮する（例：勝つことや成功者を称賛するメッセージを打ち出す）と、それは「攻撃的」であったり「自信過剰」「思いやりがない」ものとして受け取られる可能性があります。逆に、男性性が高い文化において女性性を発揮すると、それは「決断力がない」「目標を達成する力がない」と解釈される可能性があります。

　女性性／男性性の文化次元に関しては、近年のグローバルな価値観の変化の潮流を踏まえつつ、どのようなメッセージを打ち出すのか熟考することが必要になります。

4 不確実性の回避（Uncertainty Avoidance）

4つ目の次元は不確実性の回避（Uncertainty Avoidance）です。近年はVUCA（Volatility, Uncertainty, Complexity, Ambiguity）の時代と言われることもありますが、そもそも世の中は不確実なことで満ちています。地震や津波、火山の噴火などの自然災害はいつ起こるかわかりません。戦争や金融危機、社会的動乱などの社会不安も常に我々につきまとっています。こうした「明日何が起こるかわからない」状況は、人々に不安な感情を呼び起こすことがあります。そして、そうした不安な感情を抑えるために、社会における信仰や制度やルールなどをしっかり作り、将来を予測可能な状況にしておきたいと考えることがあります。

ある文化の成員が**不確実**な、**未知**の状況に対して**不安**を感じ、それを避けるために**信仰や制度**を形成している程度。

この程度は文化によって異なり、その文化差を示すのが不確実性の回避という次元です。

不確実性の回避が高い文化では、人々は感情的に規則や構造を必要とします。規則や構造をしっかりつくることで将来を予測可能なものとし、不安を抑えたいと考えるからです。また、曖昧な状況、前例のない状況を嫌います。そのため、ストレスが多くなりがちです。現実の状況は曖昧さや前例のない

状況であふれているからです。そして、専門家を信頼し、失敗しないために
リスクを避けます。仕事の進め方としては、形式や構造を重視し、プロジェ
クトはウォーターフォール型のような、トップダウンで事前に段取りを決め
てから作業に取り掛かる傾向が強くなります。

　不確実性の回避が高い組織では、トップマネジメントが細かい日々のオペ
レーションも気にすることがあります。また、不確実性の回避が高い学校で
は、学生は、物事には正解があり、教師はそれを知っていると考える傾向が
強くなるので、生徒が教師に対して「正しい答え」を求めてくることが多く
なります。

　一方、不確実性の回避が低い文化では、規則はできるだけ少ない方がよい
と考えられます。将来が不確実な状況は人々にとって必ずしもストレスにな
るわけではない（むしろチャンスかもしれない）ので、フレキシブルな対応を妨
げるような規則・ルールは好まれません。そして、そうした曖昧な状況や不
慣れな状況を人々は楽しむ傾向が強くなります。人々はリラックスしており、
常識や実務家の意見を参考にして臨機応変に立ち回ります。成功するために
リスクを取ることが多く、既存の枠組みを超えた新しい手法を奨励するのも
不確実性の回避が低い文化の特徴です。

　組織においては、トップマネジメントは細かいオペレーションのチェック
は自分の仕事とは考えないことが多くなります。そうではなく、トップマネ
ジメントの役割は戦略の策定に絞られると考えられます。また、不確実性の
回避が低い学校では、学生は、教師の役割は学習のプロセスをつくることで
あって、必ずしも教師自身が答えを持っているわけではないと考えます。北
欧は不確実性の回避が低い文化ですが、「ティーチャー（教師）」という呼び
方をやめて「ファシリテーター」という呼び方をする学校が出てきているそ
うです。

	0	50	100

Low 低い 　　　　　　　　　　　　　　　　　　高い **High**

Low 低い	High 高い
規則はできる限り**少ない**方がいい	規則、構造を感情的に**必要**とする
曖昧な状況、不慣れな状態を**楽しむ**	曖昧な状況、前例のない状況を**嫌う**
リラックスしている	**ストレス**が多い
実務家、常識への信頼	**専門家**への信頼
成功するためにリスクを**取る**	失敗しないためにリスクを**避ける**
「Out of box thinking」／**新しい手法を奨励**する	**形式、構造**を重視して仕事を進める
トップマネジメントは**戦略**にフォーカス	トップマネジメントは日々の**オペレーション**を気にする
学生は**学習のプロセス**（良いディスカッション）を求め、教師が全ての解答を知らなくても気にしない	学生は「**正しい解答**」を求め、教師が全ての回答を示すことを期待する

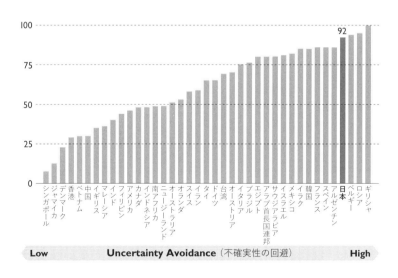

Low　　　**Uncertainty Avoidance**（不確実性の回避）　　　**High**

日本の不確実性の回避のスコアは92です。多くの日本人が、先ほど説明をした不確実性の回避に関しては日本のスコアの高さを実感されているのではないかと思います。

　下記の2つの写真はそれぞれ、イギリスのキングス・クロス駅と日本の品川駅のプラットフォームの写真です。両方の駅ともに、都市のターミナル駅ですが、品川駅のプラットフォームにはカラフルに整列位置を示した乗車ガイドが貼られています。「羽田空港に行く場合はここに立って待ってください。横浜方面の特急に乗る場合はこちらに立って待ってください」というように、乗客がどこで何をすればいいのかがあらかじめ決められて明示されています。一方、キングス・クロス駅のプラットフォームにはそうしたガイドはありません。

　イギリスは不確実性の回避が低く、日本は高いのですが、その文化差がこうした駅のガイドの細かさ（日本は細かく、イギリスはそこまで細かくない）にもよく表れています。

キングス・クロス駅（イギリス）　　　　品川駅（日本）　　　　© 産経新聞社

　不確実性の回避の差は、プロジェクトマネジメントの進め方の差としてよく出てきます。不確実性の回避が低い文化において細かい段取りや詳細なチェックを行うと、それは「融通の利かないマイクロマネジメント」と受け取られる可能性があります。一方、不確実性の回避が高い文化において状況に応じたフレキシブルな対応を行うと、それは「原則にのっとっておらず効果的でない」と受け取られる可能性があります。

	不確実性の回避が **低い** 文化において	不確実性の回避が **高い** 文化において
不確実性の回避の **高さ** を発揮すると	融通が利かない 細かすぎる マイクロマネジメント 信用されていない と感じる	—
不確実性の回避の **低さ** を発揮すると	—	原則を知らない モラルがない 不真面目 "彼／彼女は無能か? それとも単に怠惰で だらしないのか?" と感じる

　広告表現では、どの程度細かく情報を伝えるか、どのような専門家に情報を語ってもらうかといった差として観察されます。不確実性の回避が高い文化では、細かくて専門的な情報を知りたいと思う傾向が高くなるため、例えば、大学の教授などが専門的な情報を細かく伝えることの価値が高くなります。一方、不確実性の回避が低い文化の場合は、そうした細かい専門情報の価値は相対的に低くなる傾向があります。

5 短期志向／長期志向 （Long/Short Term）

　5つ目の指標は短期志向／長期志向（Long/Short Term）です。この指標は、ホフステードモデルが最初に発表された際には含まれていなかった次元で、香港の社会心理学者であるマイケル・ボンド博士が行っていた東洋価値観調査の結果を踏まえて追加された次元です。

ある社会が
規範的で過去から現在を見る**短期志向**か、
実用的で将来の目標を見据えた
長期志向をもっているかどうかの度合い。

　ホフステード博士は、国によって異なる価値観を研究する中で、当初の4つの次元だけでは西洋ではない価値観が説明できないことに気づき、東洋における価値観調査の結果を統合し、元々の4次元モデルを5次元モデルとしてアップデートしました。そのため、この次元は東洋と西洋の文化差をよく表す次元となっています。

0	50	100

Short Term 短期志向	長期志向 **Long Term**
短期の（財務的）結果を重視	**長期的な利益**／恩恵 > 短期の結果
評価指標：利益、ROI	評価指標：市場シェア、顧客満足度
消費	**倹約**
欲求はできるだけ**早く満たしたい**	欲求は**すぐに満たされなくてもよい**
分析的な思考	**統合的**な思考
唯一絶対の真理	**いくつもの**真理
原理・原則を重視	**実用性**を重視し例外を認める
善悪を判断する**普遍的指針**がある	善悪の判断は**状況次第**
自国に対するプライド	**他の国**から学ぶ

　スコアが100に近づくと、その文化は長期志向の文化の傾向を帯びてきます。長期志向の文化では、短期での結果よりも長期的な利益が優先されます。そのため「チェスというよりも囲碁をしているようなもの」という説明をされることがあります。馴染みがない方に向けて簡単に説明すると、チェスに比べて囲碁は、より長期的な視点に立ったゲームであると言われます。囲碁においては、盤面の局地的な不利はそれほど気にすることではなく、長期的に全体として見たときに勝つことが目指されます。

　そのため、市場シェアや顧客満足度など、長期的に収益となるような指標が重要視されます。人々は倹約を常として、欲求はすぐに満たされなくてもよいと考える傾向が強くなります。長期志向の文化では、親が極端な倹約をして子どもの教育費を手厚くする傾向なども多く見られるようになります。

　また、根本的なものの考え方として、統合的な思考をし、真理はひとつとは限らないと考える傾向が強くなるので、話題の中心だけでなくその背景に

ある情報や文脈にも目を配ります。また、実用性の観点から例外に対しても寛容という特徴も持っています。常に物事を包括的に捉え、様々な情報を清濁あわせのんで吸収しようとするため、善悪の判断は状況次第で、他国から学ぶ姿勢も強くなります。

　一方、スコアが0に近づくと、その文化は短期志向の文化的傾向を帯びてきます。短期志向の文化では、短期の成果が重視されます。企業経営であれば、短期での最終的・直接的結果である、四半期の財務指標と株価に関心が寄せられます。倹約するよりも、欲しいものはその場で買って消費する傾向が強くなり、欲求はできるだけ早く満たしたいと考えられるようになります。

　根本的なものの考え方としては、分析的な思考が好まれ、分析的に考えることで唯一絶対の真理にたどり着こうという基本的な態度が当たり前と考えられます。原理・原則が重要であり、それに照らし合わせて「何が善で何が悪なのか」を判断する傾向が強くなります。別の言い方をすると、場所や時代によって変わらない「普遍的指針」があると考え、それをもとに社会運営がなされるため、自国に対するプライドが高いという点も特徴として指摘されます。

　日本のスコアは88で、これは日本が長期志向の国であることを示しています。他にスコアが高い国を見ると、韓国・台湾・中国と、儒教圏の東アジアの国々は長期志向であることがわかります。

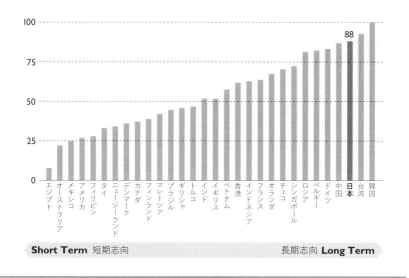

| | | | | | | | | | | | | | | | | | | | | | | | | | | | | | | | | | |

Short Term 短期志向　　　　　　　　　　　　　　長期志向 Long Term

　松下電器産業（現パナソニック）の松下幸之助氏は、1932年（昭和7年）5月5日に全社員を集めた会合で、物資を水のように安価無尽蔵に供給しこの世に楽土を建設するという、いわゆる「水道哲学」を発表し、同時に25年を1節として、これを10回繰り返す250年計画を発表しました。

　250年というと、人の一生の時間幅に収まりません。松下幸之助氏は、自分たちの次の代、さらに次の代…と未来にわたる時間感覚の中で経営計画を考えており、ここには長期志向の傾向が見て取れます。

「以上の第1節の25年間は今日出席しているわれわれの活動する活躍期間である。そして第2節以後は、われわれの次代の人たちが、同じ方針をもってこれを繰り返し、10回250年で世の中を物資に満ち満ちた、いわゆる富み栄えた楽土にしようとするものである。」（出典 パナソニック ミュージアム　松下幸之助歴史館資料）

6 人生の楽しみ方 (Indulgence)

6つ目の次元は人生の楽しみ方 (Indulgence) です。この次元は、ホフステード博士とブルガリアの社会心理学者ミッショ・ミンコフ氏との共同研究として追加された次元です。

人は誰しも、人生を楽しむための基本的欲求を持っていますが、その基本的欲求をどの程度開放してよいか、もしくはコントロールするべきかという程度は文化によって変わってきます。

人々が人生を楽しむための
基本的欲求をコントロールしようとする程度。
このコントロールが強い文化を抑制的、
弱い文化を放縦的と呼ぶ。

スコアが100に近づくとその文化は放縦的（欲求は開放してもよいと考える）な文化傾向が強くなります。放縦的な文化では、自分のことを「非常に幸せ」と答える人の割合が高くなります。人生はコントロールできると考え、楽観主義的であることが社会的な価値と考えられるので、例えば職場ではポジティブシンキングが奨励されます。

別の言い方をすると、「幸せそうにしていること」は他者に対する礼儀で、「不幸せそうにしていること」は礼儀に照らし合わせて望ましい態度とは考えられません。微笑みは対人コミュニケーションの基本と考えられます。道

徳的規範が少なく、ゆるい社会という特徴も見て取ることができます。

　一方、スコアが0に近づくとその文化は抑制的（欲求はコントロールすべきものと考える）な傾向が強くなります。抑制的な文化では、自分のことを「非常に幸せ」と答える人の割合は低くなります。人生は運命によって決まっていると考え、無力感を感じる人の割合が高くなります。悲観主義的であることは社会の中で普通なので、真面目で厳格な振る舞いが信頼と専門性の証と考えられます。難しそうな顔をしていたりしかめっ面をしていることが、物事をよく考えているような印象を与え信頼につながることがあります。そのため、微笑みは疑わしいものと考えられ、道徳的規範が多いのも特徴です。きつい社会という特徴も見て取ることができます。

0	50	100
Restrain 抑制的		放縦的 **Indulgence**
「非常に幸せ」な人の割合が**低い**		「非常に幸せ」な人の割合が**多い**
運命主義：無力感を感じている		人生は**コントロールできる**
悲観主義的		**楽観**主義的
真面目で**厳格な振る舞い**が信頼と専門性の証		職場では**ポジティブシンキング**を奨励
微笑みは**疑わしい**		微笑みが**基本**
道徳的規範が**多い**		道徳的規範が**少ない**
きつい社会		**ゆるい社会**

　日本のスコアは42で、やや抑制的な文化的傾向を持つことがわかります。日本では、あまりにも幸せそうにしていたり、楽しそうにしていると、周囲から「あの人は大丈夫か？」とかえって心配されることがあります。これは、日本が抑制的な文化的傾向を持っているためで、基本的欲求を抑えることが社会的な価値と考えられているためです。

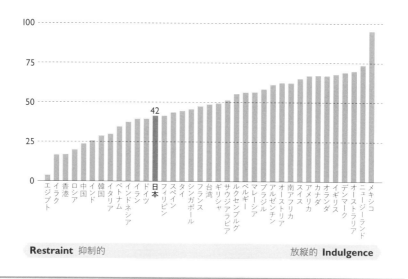

エジプト
イラク
香港
ロシア
中国
インド
韓国
イタリア
ベトナム
インドネシア
イラン
ドイツ
日本
フィリピン
スペイン
シンガポール
タイ
フランス
台湾
ギリシャ
サウジアラビア
ルクセンブルグ
ベルギー
マレーシア
ブラジル
アルゼンチン
オーストリア
南アフリカ
スイス
アメリカ
カナダ
オランダ
イギリス
デンマーク
オーストラリア
ニュージーランド
メキシコ

Restraint 抑制的　　　　　　　　　　　　　　　　　放縦的 **Indulgence**

　雑誌『TIME』の表紙には、各国の大統領や首相が出てくることがあります。人生の楽しみ方の次元における文化差はこうしたところにも見ることができます。ロシアは抑制的な文化のスコアを示していますが、『TIME』の表紙に載ったプーチン大統領の表情も無表情でシリアスな雰囲気を醸し出しています（左）。一方、アメリカは放縦的な文化で、オバマ元大統領の顔写真は満面の笑みを示しています（右）。

『TIME』2007年12月31日号、2008年5月19日号

マクドナルドがロシアに初めて出店した際に、日本でもお馴染みの「スマイル無料」を店員に実施させたところ、マクドナルドを訪れたロシアの顧客は、「なぜ、店員が私の方を見てニヤニヤしているのか？」と気味悪がったという事例があるそうです。

メンタルイメージ（Mental Image）

　ここまで、ホフステードの6Dのそれぞれの次元について説明をしてきました。一つひとつの次元には意味があり、そのスコアが高いか低いかによって文化的価値観が変わってくるということ、そして真逆の文化的価値観に対して人がどのような感覚を持つ傾向があるのかについて、ご理解いただけたのではないかと思います。

　ホフステードモデルの説明の最後として、ここでは「メンタルイメージ（Mental Image）＝文化圏」という考え方をご紹介したいと思います。この概念はホフステード・インサイツでコンサルタント／トレーニングの長いキャリアを持つハブ・ヴルステン氏が、過去の文化圏研究を実務的な観点からまとめ、異文化トレーニングやアドバイザリーを行う際に活用した文化圏の考え方です。ヴルステンは、実務の世界でビジネスパーソンとして活躍する人々にとっては、各次元の知識は興味深いものの、次元の定義や価値観は抽象的すぎると捉えられることがあることに気づきました。そして、これらの次元を組み合わせて、実際の国のグループを「文化圏」として説明した方が、具体的な国のイメージと文化的価値観を紐づけやすく、実務での応用がしやすくなることに気づきました。

　メンタルイメージは全部で7つあります。ここではそれぞれの価値観を簡潔に説明していきます。

　競争（Contest）文化圏の特徴は、強い個人（組織）同士がぶつかり合って競争することに価値があると考えることにあります。上の競争文化圏のシンボルマークを見ると、横の矢印がぶつかり合って、そこから上に矢印が出ていることがわかると思います。これは競争すると「新しいものが生まれる」「改善や向上が起こる」ということを表しています。

　この文化圏に含まれる国は、アメリカ、カナダ、イギリス、オーストラリア、ニュージーランドで、いわゆる「アングロサクソン」と言われる国々が中心になります。この文化圏に属する国のホフステード指数は、権力格差が低く、個人主義で、男性性が高く、不確実性回避が低いという特徴を共有しています。

競争

🡖［権力格差］　🡑［個人主義］　🡑［男性性］　🡖［不確実性回避］

アメリカ、イギリス、カナダ、アイルランド、オーストラリア、ニュージーランド

──── keywords ────

自立　野心　リスクを取る

競争　勝利　自由　卓越している　エネルギー　決断

No.1　ビジョン　新しい発想　規則は少なく

達成　成果、貢献を認める　結果　ターゲット

平等　交渉　フェアプレイ

🡖 低い　🡑 高い　➡ 中間／両方あり

2 ネットワーク（Network）

　ネットワーク（Network）文化圏の特徴は、強者も弱者も、マジョリティもマイノリティも、多様な個人がそれぞれつながり合い、調和の取れた社会をつくっていくことに価値を置く点にあります。シンボルマークを見ると様々な点が網目のようにつながり合っているのがわかります。権力の上下構造はなく、ネットワーク構造になっています。

　この文化圏に含まれる国は、オランダ、デンマーク、スウェーデン、フィンランド、ノルウェー、アイスランドで、いわゆる「北欧」と言われる国が入っています。ホフステード指数では、権力格差が低く、個人主義で、女性性が高く、不確実性の回避は低い国が多いという特徴を持っています。

ネットワーク

◣［権力格差］　◢［個人主義］　◣［男性性］　➡［不確実性回避］

オランダ、デンマーク、スウェーデン、フィンランド、ノルウェー、アイスランド

―――――― keywords ――――――

協力　コンセンサス　関係

貢献　妥協　コーディネーション　同意

社会的責任　幸福　信頼性　倫理

博愛、善行　地方分権　リスクを取る　相互依存　進取の精神

◣低い　◢高い　➡中間／両方あり

3 油の効いた機械（Well-Oiled Machine）

　油の効いた機械（Well-Oiled Machine）文化圏では、優れた仕組みや基準に基づいて機能的に動くことに価値が置かれます。シンボルマークでは、しっかりと組み合わさった歯車に油がさされています。スムーズに回る歯車のように、機能的な構造が仕事をする様子が見てとれます。

　この文化圏に属する国には、オーストリア、チェコ、ハンガリー、ドイツなどがあり、ドイツ周辺の国々が中心になっていることがわかります。ホフステード指標で言うと、権力格差は低く、個人主義で、男性性は高く、不確実性の回避が高いという特徴を共有しています。1つ目の競争文化圏とホフステード指標の傾向は似ていますが、不確実性の回避の傾向が高い点が特徴で、そこが違いです。

油の効いた機械

◤［権力格差］　◢［個人主義］　◢［男性性］　◢［不確実性回避］

オーストリア、チェコ、ハンガリー、ドイツ、スイス（ドイツ系）

――――― keywords ―――――

| 構造 | 予測性、予見性 | 責任 | システム |

| 客観性 | 手続き | 情報 | 能力 | 専門性 |

| 分析 | 品質 | 自立 | スペック |

| 時間厳守／几帳面 | 透明性 | 地方分権 | 標準化 |

◤低い　◢高い　➡中間／両方あり

4 ピラミッド（Pyramid）

　ピラミッド（Pyramid）文化圏のシンボルマークは人の集団がピラミッド型に配列されており、トップに権力を持つ人がいることが表現されています。この文化圏では、社会はピラミッド型の階層構造でできており、階層が上の人が社会や集団を統治するのが自然だと考えます。また、社会の階層を上に登っていくことは価値があることだとされます。

　この文化圏に属する国には、いわゆる「新興国」と呼ばれる中南米、アフリカ、中東、ポルトガル、ギリシャ、ロシアなどが含まれます。ホフステード指標の特徴は、権力格差が高く、集団主義で、不確実性の回避が高いことです。新興国は、この「ピラミッド」と「家族」という2つのメンタルイメージに分かれ、「ピラミッド」は不確実性の回避が高い点に特徴があります。

ピラミッド

◤［権力格差］　◣［個人主義］　➡［男性性］　◤［不確実性回避］

中南米（アルゼンチン、コスタリカを除く）、アフリカ諸国、中東諸国、ポルトガル、ギリシャ、ロシア、スロバキア、南イタリア、トルコ、台湾、タイ、韓国

————— keywords —————

| ヒエラルキー | プロセス | 中央集権 | 官僚主義 | 尊敬 |

| 忠誠 | 明確な構造 | 検閲 | 知恵 | 形式へのこだわり |

| 暗黙の指示 コミュニケーション | 面子の喪失 |

◣低い　◤高い　➡中間／両方あり

5 太陽系（Solar System）

　太陽系（Solar System）文化圏の特徴はユニークで、強い権力と強い個人が常に相対しながら社会をつくっています。特徴が抽象的なので、ちょっとわかりにくいかもしれませんが、この特徴はシンボルマークにうまく表現されています。このシンボルマークは太陽系を表しています。真ん中にある大きな丸は太陽を示しています。そして、太陽のまわりを小さな丸＝惑星が周回していることが示されています。それぞれの惑星の軌道はバラバラですが、太陽の引力の影響を受けていることがわかります。ここで示されているのは、太陽＝権力であり、惑星＝個人です。これは、個々人は個人主義者なのでそれぞれ独自に動くけれども、真ん中にある太陽＝権力の影響は受け続けることを示しています。

太陽系

◤［権力格差］　◤［個人主義］　➡［男性性］　◤［不確実性回避］

ベルギー、フランス、北イタリア、スペイン、スイス（フランス系）、
ポーランド、アルゼンチン

――――――――――――― keywords ―――――――――――――

ヒエラルキー　能力　名誉　勤勉／仕事熱心　中央集権

高等教育（グランゼコール）　権威者への尊敬　自己実現　平等と権利と義務

規則　緊張　非人間的官僚制度　我思う ゆえに我あり

個人主義　抽象的　スタイル

◣ 低い　◤ 高い　➡ 中間／両方あり

この文化圏に属する国は、ベルギー、フランス、スペイン、北イタリアなどで、フランス周辺の国がこの文化圏に属しています。ホフステード指標の特徴で言うと、権力格差は高く個人主義の文化です。他の文化圏を見て気づかれた方もいるかもしれませんが、権力格差と集団主義／個人主義はゆるく相関しています。権力格差が高い場合は集団主義であることが多く、権力格差が低い場合は個人主義であることが多くなります。太陽系のような、高い権力格差と個人主義という組み合わせは例外的です。また、この文化圏は不確実性の回避が高いことも特徴です。女性性／男性性は国によって変わってきます。

　家族（Family）文化圏の特徴は、家族を中心とした内集団の関係性に価値を置くことです。親子・祖父母・親戚・地域…と血縁の家族を中心とし、拡大家族の内集団が形成され、一人ひとりはそうした内集団の一人として社会活動を行っていきます。シンボルマークを見ると、内集団の中心である親子が表されています。

　この文化圏に属する国は、先程のピラミッド同様に新興国が中心になりますが、特に中国、香港、ベトナム、インドネシアといった国々に見られるようにアジア圏の新興国が多く含まれます。ホフステード指標の特徴で言うと、権力格差が高く、集団主義で、女性性／男性性は国によりますが、不確実性の回避が低いという特徴を持ちます。

家族

◤［権力格差］　◥［個人主義］　➡［男性性］　◥［不確実性回避］

中国、香港、ベトナム、インドネシア、インド、マレーシア、
シンガポール、フィリピン

──────── keywords ────────

忠誠　調和　規則は少なく　面子を失う　ヒエラルキー

父母のようなリーダー　幸福　間接的、暗黙のコミュニケーション

上司は部下の状況を（部下が気づく形で）確認する

信頼　単純構造　柔軟　長期にわたる関係　非言語のサイン

◥低い　◤高い　➡中間／両方あり

　最後のメンタルイメージは日本（Japan）です。これには違和感を持つ方も大勢いるかと思います。日本はこれまで説明したどのメンタルイメージ／文化圏にも属しません。地理的には家族文化圏もしくはピラミッド文化圏の国々が近くにありますが、家族／ピラミッドほど権力格差が高いわけでも集団主義なわけでもありません。また、競争、ネットワーク、油の効いた機械、太陽系のような先進国のその他の文化圏ほど、個人主義なわけでもありません。日本のホフステード指標は、権力格差と集団主義／個人主義が真ん中で、男性性と不確実性の回避が高いのですが、このパターンの国が他にないため、日本は7つ目のメンタルイメージとして単独で定義されています。

➡［権力格差］　➡［個人主義］　◢［男性性］　◢［不確実性回避］

keywords

コンセンサス　トップダウンとボトムアップ　モノづくり

カイゼン　関係性　面子　調和　報連相

「個」の前に「集団」　空気　安心と安全　業績達成志向

勝ち組　全体志向　石橋を叩く　家庭より仕事　ルールと規制

◤低い　◢高い　➡中間／両方あり

このことは、日本文化の価値観を持つ人々にとって、海外の国々の価値観は、常にどこかに違いを持つことを意味します。ポジティブな見方をすれば、日本文化は世界の中でユニークな存在であると言うこともできます。同時に、異文化対応における難しさも存在します。日本の中で当たり前と感じることは、日本の外側では必ずしも当たり前ではないため、仕事の進め方や表現の仕方において、認識や考え方のズレが発生する可能性があります。

日本のユニークな文化的背景をポジティブな価値につなげられるか、それともネガティブな問題発生の原因にしてしまうのか。それはひとえに、日本文化の価値観を持つ我々がどの程度、文化的価値観の違いに自覚的になり、価値観の違いに目を配りながらクリエイティブを開発したり、マーケティング活動を展開できるかによります。本書では、多様な実例を用いて、異なる文化的価値観がどのように表現されているのかを解説していきます。ぜひ「異文化を読み解く目」を養うヒントにしていただければと思います。

第 2 章

広告賞受賞作品を
読み解く

早速、海外の広告表現を第 1 章で解説した
ホフステードの 6D に照らして読み解いていきましょう。
ここでは世界三大広告賞として知られるカンヌライオンズ、
One Show、クリオ賞をはじめとした
広告賞受賞作品を中心に取り上げています。

🇮🇳 殺虫剤ブランドが開発した 特殊な蚊取り線香パッケージ

♛ カンヌライオンズ 2022　Health & Wellness 部門グランプリ
D&AD賞 2022　White Pencil

インド：Maxx Flash「The Killer Pack」

こんなところが蚊の発生源

　インドではデング熱やマラリアが深刻な社会問題として認識されています。ゴミ収集所はそれら感染症を媒介する蚊の発生源であり、その温床であるとされています。そこで、殺虫剤ブランドのMaxx Flashは特殊な商品パッケージの蚊用対策製品「The Killer Pack」を開発。このパッケージは100%生分解可能で蚊に強いバチルス・チューリンゲンシスという殺虫剤が含まれ、これがゴミ捨て場やゴミ箱、排水溝などに捨てられると一定範囲（45ft^2）で蚊の幼虫の発生を抑えることができるというものです。このパッケージを使用したいくつかの地域では、マラリアやデング熱の発生件数が減少したと報告されています。

　蚊取り線香のパッケージを工夫して、ゴミ捨て場やゴミ箱、排水溝での蚊の幼虫の発生を防ぐ試みはアイデアとして面白いと感じます。このプロジェクトにはどのような文化的特徴を見て取ることができるのでしょうか。

不確実性の回避の高低で問題解決手法が変わる

　何か問題が起きたときに、その問題解決のアプローチには文化特性が見て取れることがあります。ホフステードの6Dにおいて、不確実性の回避が高い文化では、制度や仕組みを整備することで問題を解決しようとします。一方、不確実性の回避が低い文化においては、状況に応じて柔軟に対応することで問題を解決しようとする傾向が強くなります。

　The Killer Packの事例で言うと、蚊の繁殖地である「屋外のゴミ捨て場をどのように改善するか」が問題なわけです。この問題に対して不確実性が高い文化的背景がある場合と、不確実性の回避が低い文化的背景がある場合とで、問題解決のアプローチは変わるのでしょうか。

　日本は不確実性の回避が高い文化です（UAI=92）。この文化的背景のもとでは、問題を目にすると「規則やルールを作ればいいのではないか？」と考える傾向が強くなります。新しい問題が起こるたびに細かな規則やルールを更新し、問題が起こることを事前に防ごうとします。蚊の繁殖地対策という問題に関しては、「屋外のゴミ捨て場を定期的に清掃して根本的な繁殖抑制をする」というような規則やルール作りの問題解決策が出てくることが多くなります。さらに日本の場合は若干集団主義の傾向もある（IDV=46）ので、行政が対応できないのであれば周囲の住民が当番制等で協力するルールを作るという方法も出てくるかもしれません。

　一方、インドでの問題解決アプローチはどうでしょうか。インドは不確実性の回避が低い文化（UAI=40）です。そのため、仮にルールを作ったとして

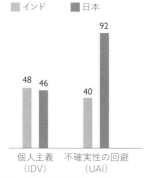

インド 日本

48　46

40

92

個人主義　　不確実性の回避
(IDV)　　　　(UAI)

ホフステードの 6D ／インド・日本のスコア比較

も、そのルールに自然と人々が注目し従うという文化的状況ではない可能性
が高くなります。このプロジェクトでは蚊よけコイルのパッケージを100％
生分解可能にし、かつその中に蚊の幼虫の発生を抑える成分を入れることで
繁殖を抑制する対応を取っているわけですが、ここには「規則を作る」や
「ルールを細かく規定する」というような要素は見当たりません。

　それよりも、屋外のゴミ捨て場を根本的に清掃することが難しいのであれ
ば、人々が自然と行う「パッケージを捨てる」という行為の延長線上に解決
策を埋め込む（捨てられたパッケージが蚊の幼虫の発生を抑える）ことが理にか
なっていると考えるのかもしれません。不確実性の回避が低い文化では、状
況に応じた臨機応変な問題解決策が生まれやすく、不確実性の回避が高い文
化圏の人々から見ると、時として場当たり的に見えるものの、クリエイティ
ビティを感じさせる問題解決となることがあります。

🇸🇪 スウェーデン食品連盟による問題提起ムービー

👑 カンヌライオンズ 2022　Entertainment 部門グランプリ
One Show2023　Health&Wellness 部門グランプリ

スウェーデン：The Swedish Food Federation「Eat a Swede」

倫理的な問いかけで議論を生む

　スウェーデン食品連盟は、気候変動と世界人口の増加によって引き起こされる差し迫った食糧危機について議論を起こすことを目的に、約18分間の風刺ドキュメンタリーを制作しました。

　映像には、スウェーデン人の細胞を人工培養して育てた肉を生産および販売するというビジョンに駆り立てられた科学者の男性が登場。その肉をいろいろな人たちに食べてもらい、その反応を見せています。また、商業化に向けて投資家を募ろうとします。このプロモーションでは、映像を通してスウェーデンで持続可能な方法で高品質の食品を生産することは可能であるのかを問いかけ、様々な議論を巻き起こしました。

「女性性」文化は対話を重視

　気候変動や人口問題といった社会課題に対して、北欧の国々は世界の他の国々よりも関心が高く、先進的な行動をしているイメージがあるかもしれません。ホフステード6Dに照らすと、これは女性性／男性性という次元の文

化と関連づけて説明されます。

　男性性の価値観が、成功した人・強い人に注目するのに対し、女性性の価値観では、失敗した人・弱い人も含めて調和の取れた社会をつくることに価値を置く傾向が強くなります。そして、次の時代を生きる若者や、まだ生まれていない将来世代にも気を配り、社会としてどうしていくのかを対話していくことに価値が置かれます。スウェーデンは女性性の文化的価値観を持ち（MAS=5）、増え続ける世界人口に対応するため、人々がどのような食生活を送るべきなのかを対話を通じて考えることが大切だという感覚が共有されやすい社会だと考えられます。

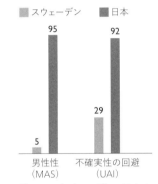

ホフステードの 6D ／スウェーデン・日本のスコア比較

「正解」よりも考えるきっかけを求める

　また、今回のスウェーデン食品連盟の18分の映像が「何ら答えを提供しているものではない」という点も、スウェーデンの文化特性と考えることができるかもしれません。この映像は「人の肉を培養して食べる」というほとんどの人にとっては生理的に気持ち悪いと感じる取り組みを見せるだけのものになっています。人肉培養が、世界の人口問題の解決に向けた正解であると考える人はほとんどいないでしょう。

　学校教育の仕組みに典型的に見られるのですが、「正解を求める」文化と「考えるきっかけを求める」文化の違いがあります。ホフステードの6Dだと不確実性の回避（UAI）の差として説明されます。

　不確実性の高い文化では、人々は「正解」を求める傾向が強くなります。例えば、日本は不確実性の回避が高い（UAI=92）ので、多くの人が「正解はなんだろう」と考えます。日本の学校では生徒は先生が「正解を教えてくれる存在」と考える傾向が強くなります。一方で、スウェーデンをはじめとして北欧の国々のような不確実性の回避が低い文化では、人々は正解ではなく考えるきっかけを求める傾向が強くなります。北欧の学校では、先生は必ずしも正解を知っているわけではなく、自分たちが学ぶプロセスを構築する人と認識する傾向が強くなります。このため、北欧の国では教師は先生というよりもファシリテーターという位置づけになります。

　このプロモーションの18分の映像の中では世界の人口問題解決に向けた正解は出てこないわけですが、人肉培養というショッキングなアイデアをきっかけとして、見た人が自分なりの考えを持ち、周囲の人々との対話を通じて持続可能な社会に向けた変革に向かって行けばよいという考え方にもとづいているように見えます。こうした「対話のきっかけ」を提供するというプロモーションの基本構造には、スウェーデンの不確実性の回避の低い文化特性がよく表れていると考えられます。

🇫🇷 囚人のための 初の e サイクリングチーム

👑 カンヌライオンズ 2022　PR Lions 部門グランプリ
One Show2022　Branded Entertainment 部門ゴールド

ベルギー：Decathlon「The Breakaway - The first eCycling team for prisoners」

囚人のための e サイクリングチーム発足

フランスのスポーツ用品メーカー、デカトロン（Decathlon）がベルギーのオーデナールデ市にある同国最大の刑務所で立ち上げた「The Breakaway」プロジェクト。社会で罪を犯し刑務所に収監されている人たちに対して、最新のeサイクリングの機器を貸し出して、刑務所の外の人たちと仮想サイクリングプラットフォームでバーチャルの自転車レースに参加する機会を提供しました。

この発想は、日本文化の標準的な価値観からは生まれにくいかもしれませんし、また、この取り組みに対して違和感を持つ方もいるかもしれません。なぜ、罪を犯した囚人にそこまでしなければならないのか？といった感情がわく可能性もあるでしょう。

「個人主義」で「女性性」な文化がもたらす社会的包摂

ホフステードの6Dから読み解くと、このプロジェクトにはフランスの価値観を見て取ることができます。2分の映像では、まず何人かの囚人が子どもの頃に自転車に初めて接した経緯が語られます。

「自転車に対する興味は子どもの時からあって、12歳の時には自転車で学校に行っていた」という話や「子どもの時に初めて自転車を買った」という個人の語りが挿入されます。映像を見ている側は、囚人もそれぞれが生い立ちや経歴を持っている「個人」なのだという感覚を得ます。その上で、「スポーツは人を幸福に、自由にしてくれる」「スポーツをすることによってネガティブな感情が減る」「サイクリングチームへの参加で自分自身を証明することができる」というメッセージが語られます。

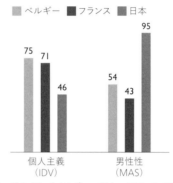

ホフステードの 6D ／ベルギー・日本・フランスのスコア比較

　フランス文化は個人主義（IDV=71）で、女性性（MAS=43）の傾向を持つことが6Dでは示されています。囚人も様々な背景や個性を持った個人であるという前提を再確認するメッセージの作り方には個人主義の文化背景が見て取れます。さらに罪を犯した人であってもスポーツを楽しみ、レースに挑戦し、自分自身を証明することは良きことであるというプロジェクトの趣旨には、失敗した人であったとしてもそうした個人を包摂することに価値を置く女性性の価値観が見て取れます。

　日本において、こうした囚人に対する営利企業のプロジェクトがどの程度自然に実施されうるか、そうしたプロジェクトのプロモーションを日本市場の我々がどのように受け取るかは興味深い観点です。あくまで6Dの文化的価値観の観点から考えるなら、こうしたプロジェクトは日本市場では馴染み

難いかもしれません。

　6Dの観点では、日本文化は個人主義ではなく、女性性の価値観を持つわけではないことが示されています。罪を犯した囚人も「個人」であって社会として包摂するという考え方には、価値観のレベルでピンと来ない人が多いかもしれません。

🇹🇼 結婚に揺れ動く若い女性の 心を描いたショートムービー

👑 カンヌライオンズ 2021　Entertainment Lions 部門グランプリ
クリオ賞 2022　Creative Effectiveness 部門ブロンズ

台湾：Sinyi Realty「In Love We Trust」

結婚観が変わる瞬間

　台湾の不動産企業である信義房屋（Sinyi Realty）が制作したショートムービー。役所で戸籍登録の手続きをする女性が、多くの離婚、結婚手続きを業務として行う中で、自分の結婚に対する期待が揺らいでいく。そんな中、長年連れ添った妻を失った男性（おじいさん）の戸籍手続きをきっかけに、結婚観を捉えなおし、交際中の男性の求婚の意思に応えるという内容です。

　日本の近隣の台湾の作品で、舞台である役所の感じや出演者に日本と似たところを感じるため、日本人にとっては親しみやすいショートムービーと感じる方も多いかもしれません。ホフステードの6Dの観点から考えると、この作品は東アジア的な価値観を色濃く表現しているように見えます。日本も東アジアの文化的価値観を共有しているため、このショートムービーに心を打たれる方も多いのではないかと思います。

「長期志向」に見る幸福のかたち

　台湾と日本に共通の文化的価値観として観察されるのが、6Dの次元だと長

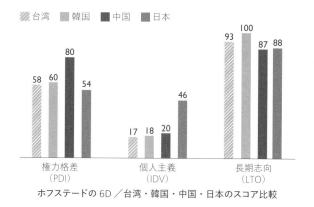

グラフ凡例: ▨台湾 ▨韓国 ■中国 ■日本

権力格差（PDI）: 58、60、80、54
個人主義（IDV）: 17、18、20、46
長期志向（LTO）: 93、100、87、88

ホフステードの 6D ／台湾・韓国・中国・日本のスコア比較

期志向（LTO）にまとめられる特徴です。長期志向のホフステード指数は、台湾＝93、韓国＝100、中国＝87、日本＝88であり、東アジアの国は共通して長期志向の文化的価値観を持っていることがわかります。

　このショートムービーの最後に提示されるメインメッセージは「幸せは信じられる人と一緒に**永遠**を見つけることだ（幸福是和信任的人一起找到永遠：下線強調は筆者追記）」です。人と人との長期的な関係性そのものに焦点が当てられている点に、長期志向の価値観を見て取ることができます。

　また、長期志向の文化では、人生には良いことも悪いこともあり、それら両方を含めて幸福だ、と感じることが自然になります。ショートムービーの中では、結婚に関してポジティブな感情とネガティブな感情の両方が描かれ

ています。役所に結婚届を出すカップルと離婚届を出すカップルの双方が複数組出てきますが、どちらがポジティブでどちらがネガティブなのかが明確には描かれておらず、離婚届を出しながら笑顔を見せるカップルが見られるなど、むしろ混沌とした感情表現がなされています。

　アメリカなどの短期志向の文化であれば「結婚は幸福なことであり、幸福の度合いは今後一層増大していく」とポジティブな感情を強調する表現になる傾向がありますが、台湾のこのショートムービーはそういう幸福観の描き方にはなっていません。この点は長期志向文化の特徴が出ていると感じます。

集団主義文化では「空気を読む」

　さらに、ショートムービー全体を通じて、コミュニケーションが暗黙的であるという点にも台湾の集団主義（IDV=17）の文化的特徴が出ているように感じます。集団主義文化では、「空気を読む」「文脈を読む」コミュニケーションが自然と行われます。

　明確にプロポーズされたわけではないのに、男性のポケットに四角いものが入っていることから、女性はそれを「指輪の箱」だと読み取り、男性がプロポーズしたいと思っていて、それを躊躇していると感じ取ります。また、男性の方も女性から結婚する意思はないと明確に言われたわけではないのに「彼女はまだ準備ができていない」と感じ取ります。お互いに察し合って関係性をつくっていること自体が、集団主義的文化における自然で好ましい人間関係であり、そうした人間関係が結婚につながっていく点にも、文化的価値観が表現されているように見えます。

最後に、女性は、妻を亡くしたおじいさんが除籍届を提出しに来たことを
きっかけに結婚観を変えていきます。おじいさんは、妻を亡くした後、おば
あさんが戸籍から除外されてしまうことを寂しく思い、除籍届提出期限のぎ
りぎりまで手続きをしなかったことが描かれます。ショートムービーの中で
はおじいさんとおばあさんの関係性の詳細は描かれていませんが、視聴者は
お互いを思いやる関係性を老人になるまで続けたということを察し、そこに
長期志向と集団主義の文化的価値観を感じ取ることになります。台湾は権力
格差が高めで、老人などの目上の人を尊敬する文化（PDI＝58）でもあり、大
切なメッセージが老人を通じてもたらされるという点にも文化的特性が色濃
く出ているように見えます。

　このショートムービーには台湾を含む東アジア共通の文化的価値観が前提
になっています。こうした作品がカンヌライオンズのような国際的な舞台で
賞を取るということは、欧米とは異なる価値観に基づいた作品が評価される
可能性が十分にあるということを表しており、興味深い事例です。

🇬🇧 早逝したサッカー選手を"起用"した 寄付キャンペーン

👑 カンヌライオンズ 2022　Titanium Lions 部門グランプリ
One Show2022　Integrated 部門ゴールド

イギリス：Kiyan Prince 基金「Long Live The Prince」

❘ もし Kiyan Prince が生きていたら

　2006年、英プレミアリーグリーグ、クイーンズ・パーク・レンジャーズのU16ユースチームに所属していた15歳のKiyan Princeが友人のケンカを止めようとして刺殺される事件が起きました。Kiyanは生きていれば30歳（2021年時点）、プロサッカー選手になっていたかもしれない逸材でした。

　そんな彼の才能と可能性に敬意を表すと共に、少年犯罪の撲滅を訴えるため、イギリスのKiyan Prince基金（Kiyanの父親が設立した、青少年の暴力根絶のために活動する財団）は寄付キャンペーンを実施しました。人気サッカーゲーム「FIFA21」（EA Sports開発のコンピュータゲーム）内でKiyanをクイーンズ・パーク・レンジャーズの選手として登場させるプロジェクトを立ち上げたのです。

　「FIFA21」開発者は最新のテクノロジーを用いて10代のKiyanの写真から、30歳のプロサッカー選手となったKiyanを再現。また、彼の周囲の人々からのヒアリングに基づいてピッチ上での特徴やプレイのスタイルを開発し、スーパースターとしてのKiyanを作り上げました。他の選手と同様にトレーディングカードが作られたり、ピカデリーサーカスの巨大液晶広告にJDス

ポーツ（イギリスのスポーツ用品店）の顔として登場するなどして話題となり、
同基金には最初の24時間で過去3年分以上の寄付が集まりました。

競争文化圏では個人の才能を賞賛

　このプロジェクトにはかなり明確にイギリスを含む競争文化圏の文化的価
値観が表れていると感じます。イギリスやアメリカ、オーストラリア、
ニュージーランド、アイルランドなどは、競争文化圏として共通した文化的
価値観を持っています。まずは個人主義であるということ。ホフステード指
数で見ると、イギリスは明確に個人主義の文化であることがわかります
（IDV=89）。また、男性性が高いこともこの文化圏の特徴です。ホフステード
指数で見ると、イギリスの女性性／男性性スコアは66で、これはイギリス
が男性性の文化であることを示しています。

　個人主義で男性性が高い文化では、才能あふれる個人であることに高い価

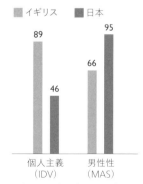

ホフステードの 6D ／イギリス・日本のスコア比較

値が置かれる傾向が強くなります。その際、個人個人は一人ひとり違う存在なのだから、得意な領域は違っていて当たり前であり、その人が得意であったり好きだと思っている領域で才能を発揮することが自然であると考えられます。人は自分の領域で、自分に内在した才能や可能性を発揮するために努力をするべきであり、努力して成功した人には社会的な称賛が与えられます。

　Kiyanはサッカーの領域で才能ある若手として認められており、そうした才能が若くして刺殺されるということは非常に悲しい出来事です。豊かな才能は本人の不断の努力をもって開花されるべきであり、そうした「あったかもしれない可能性」をAIを活用することで現代に表現するアイデアは、競争文化圏の価値観に沿ったものだと考えられます。

　同時に、個人の若い才能とその可能性を、別の個人が閉ざしてしまうということはあってはならないことです。少年犯罪の撲滅を訴えるプロジェクトに、30歳になったKiyan Princeを登場させ、「あったかもしれない可能性」に焦点を当てるアプローチは、この文化圏では共感を得やすい方法だと考えられます。

　映像の中で、Kiyanの父親が語るメッセージには競争文化の価値観が色濃く表れています。Kiyan本人についての語り口には、彼がいかに生まれつきの才能を持ち努力した息子であったのかということが、ハードワーク（hard work）、ポジティブさ（positivity）、才能（talent）といったキーワードとして出てきます。これらは個人主義で男性性の高い文化的価値観のキーワードそのものです。また、「誰もが自分の得意領域を持っている（everyone's got something that they're good at）」のだから、「自分を強く持って、あなたなりの

物語を、あなただけの物語を実現させろ（so stand tall, stand strong, and let that be your story, your only story）」といったメッセージにも、個人主義で男性性の高い文化的価値観そのものが表れています。

　人は、無意識的に自分の価値観に近いものを好む傾向があります。寄付のような、社会善への貢献を呼びかける際には、呼びかけられる個人が、自分の価値観と照らし合わせて「確かにそれは好ましく大切な活動だ」と感じる必要があります。Long Live The Princeのプロジェクトの作り方を見ると、価値観に基づいたクリエイティブメッセージ構築の重要性がわかるのではないかと思います。

フランスの国民的炭酸飲料の「上下逆さまな」パッケージデザイン

カンヌライオンズ 2016　Outdoor 部門シルバー
One Show2017　Print & Outdoor 部門メリット賞

フランス：Orangina「The Upside Down Can」

身体感覚を活かしたクリエイティブ

　フランスの国民的炭酸飲料といえば、オランジーナ（Orangina）です。オランジーナは微炭酸飲料ですが、果肉が含まれているため、フランスでは軽く振ってから飲むことが推奨されています。そこで考案されたのが、「上下逆さま」の飲料缶デザインです。デザインを上下逆さまにすることで、消費者は缶を一度はひっくり返すでしょうから、結果的に果肉が混ざり、美味しく味わえるという仕掛けです。

上下を逆にしたデザインによって、
必然的に飲む前に「振る」行為を促している

微炭酸であっても「缶を振ったら、開けたときに吹きこぼれる」というのが一般通念なので、同製品が浸透しているフランスと言えど、振ることを習慣化させられず、こうしたパッケージの立案に至ったのでしょう。本施策（「The Upside Down Can」キャンペーン）を手掛けたのはフランスの広告会社のBETC。商品パッケージ（缶のデザイン）だけでなく、CMからネット施策まで統合的に展開されています。缶を振る行為を促した販促は以前から行われており、直近で放映されたCMでは2015年に現地で話題になった「Shake the World（世界を揺るがす）」というCMの一部が引用され、「そうだ、振らないと」と思い出したフランスの方も多いようです。その意味でも秀逸に設計された施策に見えます。

逆さまなモノをひっくり返す（戻す）のは極めて自然な行動ですが、ここで注目すべきは「自然の摂理・身体感覚を活用した手法」にあります。グローバルで統一のクリエイティブを検討する際、コピーは文化・宗教によっては意味合いが変わり取り扱いが難しいですが、「自然の摂理」（重力による運動他）や「身体感覚」（火が熱い・雪が冷たい等）は万人に共通するものなので、扱いやすい切り口と言えます。

日本で缶を振ってから飲むことを推奨していない理由は、成分差や品質保証などの背景があるのかもしれませんが、仮に同じ条件下だとしても、日本ではもう少し違ったクリエイティブになるのかもしれません。

「権力格差」と「個人主義」でフランスとアメリカの違いを読み解く

フランスのクリエイティブ表現には「パッと見て誰もがわかる」ことをあえて目指さないものが多くあります。今回のオランジーナの「The Upside Down Can」キャンペーンでも、店頭で「飲み口はどこだろう？」と迷う顧客が多数出ています（それこそがクリエイティブの狙いなわけですが）。

こうした「パッと見て誰もがわかる」を目指さないフランス文化の特徴は、アメリカ文化との比較でよく指摘されます。文化は相対的なものです。ある文化を違う文化と比較することで、その文化をよりよく理解できるようになります。本事例ではホフステードの6Dの内2つ、権力格差と個人主義の仏・

米比較からオランジーナのクリエイティブを読み解いてみましょう。

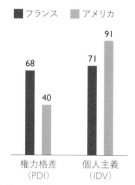

ホフステードの 6D ／フランス・アメリカのスコア比較

　両国の権力格差と個人主義のスコアを比較すると、アメリカは権力格差が低く（PDI=40）、個人主義が高い（IDV=91）文化です。個人主義の文化では、物事を明確にはっきり表現する傾向が強くなります。

　フランスも同様に個人主義が高い（IDV=71）文化なのですが、同時に権力格差も高い（PDI=68）点がアメリカと異なります。こうした個人主義でかつ権力格差が高い文化的背景から、フランスにおけるクリエイティブは「知的さ」を感じさせることを狙ったものが多くなります。「わかりやすい」ことは必ずしも価値につながるわけではなく、場合によっては「凡庸である」と理解されることもあります。あえてパッケージの上下を逆さまにして消費者に迷わせるようなデザインには、こうしたフランス文化の影響を感じます。

ルノーによる安全訴求キャンペーン 「車が登場しない衝突実験」動画

カンヌライオンズ 2006　film 部門 ブロンズ
One Show 2006　Direct Mail 部門 ゴールド（同映像のフリップブックによる受賞）

ドイツ：Renault Germany 「Crash Test」

自動車にまつわる固定観念に挑む　ルノーがドイツ車と真っ向勝負

　人間はとかく物事をイメージで判断しがちです。広告宣伝はそうしたイメージにメスを入れる術とも言えますが、固定観念のように客観的な裏づけがないまま「AはBだ（であるべきだ）」と信じられている強固なイメージとなれば、変えるのは容易なことではありません。例えば、自動車の「生産国イメージ」。ドイツ車やスウェーデン車は質実剛健、フランス車は猫足（しなやかな乗り心地）、イタリア車はデザイン性、日本車は実用性（燃費がよく壊れない）など、個々のブランドを超えて生産国ごとのイメージが世界的に浸透しています。

　フランス車のルノーが2000年初頭にドイツ市場で直面したのはこうした固定観念の壁でした。同社の安全性能は当時、業界トップ水準にありましたが、安全性や耐久性といった価値に直結する「質実剛健」というイメージを強固に抱かれていたドイツ車が、堅実なドイツ人に圧倒的に支持されていました。そこでルノーは、安全性アピールを本格化させていきます。中でも2005年に展開されたテレビCMはドイツ人の固定観念を揺さぶり、今見ても面白いクリエイティブになっています。

ユーモラスな喩えで成功　大破するソーセージ、物悲しい寿司

　コンセプトは「Crash Test（衝突実験）」。自動車が「食べ物（自動車の生産国になぞらえた食べ物）」に置き換えられ、衝突実験が行われます。

　第二次世界大戦中に流行ったリナ・ケティの優雅なシャンソンをBGMに実験装置に乗せられた巨大なソーセージ（ドイツ車）が現れ、壁に衝突し大

破します。続いて、巻き寿司（日本車）、クネッケブロート（スウェーデン車。クネッケブロートとは北欧の伝統的なパンのこと）が大破し、最後に登場するフランスパン（フランス車）だけが、しなやかに衝撃を吸収します。場面が切り替わり、「フランス車が最も安全です」とテロップが流れ、フランスパンが新車さながらに再登場し、ルノーのCIが現れます。

　最後に「Euro NCAP（欧州の衝突安全テスト）」で5つ星を8車種で獲得した唯一のブランド」とファクトが示される構成です。比喩表現でイメージを転換し、ファクトでイメージの定着を狙う二段構えのクリエイティブと言えます。

　ユーモラスな比喩表現でカンヌライオンズをはじめとする数々の広告賞を受賞し、自動車総合誌『Auto Motor und Sport』が読者を対象に行った調査によれば、キャンペーン後にドイツでのルノーのブランド認知度が44％から52％に向上。また安全性に関する評価が7ポイント改善したと報告されています。

抽象的なフランス的広告が「お墨付き」で広告効果を担保

　フランスとドイツは、共にヨーロッパの主要国ですが、文化が異なります。フランスは、ベルギー・北イタリア・スペイン等と合わせ太陽系文化圏に属します。一方でドイツは、オーストリア・チェコ・ハンガリー等と合わせて油の効いた機械文化圏に属します。

　太陽系文化圏では、個々人が自分のスタイルを貫き、結果として表現が抽象的になる傾向にあります。そのため、広告表現でも何を訴求しているのか、すぐにはわからないものが数多く見られます。ルノーのこのCMは、各国の代表的食品を、その国の車に見立てています。表現が抽象的なので、見る側の知的レベルや想像力を必要とするものであり、人によっては「何を言っているのかわからない」という印象を持つ人が出るリスクがあります。こうし

た太陽系文化圏独特の表現は、必ずしも他の文化圏で強い訴求力を持つわけではありません。例えば、ドイツが属する油の効いた機械文化圏では、分析や品質、スペックといった要素が重視されます。そのため、品質訴求をするのであれば、どのようなテストをどのようなプロセスで何回行って、いかに高い基準をクリアしたのか。また、どのような専門家が品質を保証しているのか、といったことを具体的かつ詳細に訴求した方が理解されやすくなる傾向があります。

　ルノーのこのCMの表現は、そうした具体的で詳細な説明にはなっていないのですが、最後のシーンで「Euro NCAPで5つ星を8車種で獲得した唯一のブランド」と訴求しているところが重要です。ドイツをはじめとした油の効いた機械文化圏は不確実性の回避が高いので、専門家や専門機関の意見を重視します。そのため、専門機関による「お墨付き」は安心感をもたらし、広告訴求として非常に効果があります。

　つまり、同CMは自文化の抽象的でひねりの効いた表現を前面に出しつつ、同時に専門機関の「お墨付き」も加えるというやり方で、複数の文化圏において訴求力を担保しようとするものであり、広い地域において訴求力を持ちうるメッセージ構造になっていることが、国民文化の観点からうかがえます。

■ Nike が旧正月に合わせて公開した「追いかけっこ」ムービー

👑 クリオスポーツ賞 2021　シルバー
上海デザインアワード 2021　ゴールド

中国：Nike China「Lunar New Year: The Great Chase」

お年玉から始まる壮大な追いかけっこ

　旧正月の集まりで、親戚の叔母さんが姪っ子の女の子にお年玉（紅包＝アンパオと呼ばれる赤い封筒）を渡すところから映像が始まります。

　姪っ子「ママからもらっちゃダメって言われてるの！」

　叔母さん「もうポケットに入れちゃったわ」

　翌年も集まりで叔母さんがやってきて、「Happy New Year ！」と言い、お年玉をくれようとします。姪っ子は昨年のように「ありがとう、でも受け取れないの！」と断ろうとしますが、「大丈夫！受け取って」と言われ無理やり手渡されます。このやり取りがその後何年も続いていき、ついに姪っ子は逃げ出します。すると叔母さんも妥協せず、「受け取りなさい！」と追いかけ始め、壮大な追いかけっこに発展していきます。年月と共にお年玉はオンライン決済になり、追いかけっこの舞台が都市から大自然に移り、履いているスニーカーも変わっていきます。

　時が経ち、姪っ子はすっかり大人に成長します。今度は姪っ子が叔母さんにお年玉を手渡そうとするのですが、叔母さんの足元を見ると、ナイキのスニーカーを履いています。最後は大自然の中で姪っ子が叔母さんを追いかけ

ているシーンに変わり、「新年不承让（今年は遠慮せずにいこう＝HOLD NOTHING BACK THIS NEW YEAR）」のコピーが現れます。

お年玉を取り巻く中国・日本の感覚差

　お正月に子どもが親戚からお年玉をもらう風景は日本でも見られます。私たちも子どもの時は、お正月になると両親や祖父母に加え、親戚の叔父さん叔母さんからもお年玉をもらったものです。まとまったお小遣いで高価なおもちゃなどを買うことができる貴重な機会だったと記憶しています。

　中国の旧正月を描いたNikeのCMにおいても、同じように親戚（叔母さん）は子ども（女の子）にお年玉を渡そうとしています。しかし、このCMにおいては、女の子は「お母さんに受け取っちゃダメって言われているから」と言ってお年玉を受け取ろうとしません。確かに、人からお金をもらうことに関して、謙虚な気持ちを持たなければならないという感覚は日本人も持っていると思いますが、ここまでお年玉の受け取りを拒絶する／渡そうとするというやり取りがエスカレートするというのは、日本ではあまり見ない風景ではないでしょうか？そのため、このCM自体は日本では共感を得にくい内容となるかもしれません。

　お正月のお年玉という共通したテーマを扱いながら、日本と中国でこうした感覚の差が生まれるのはなぜなのでしょうか。ホフステードの

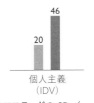

　　　　　　中国　　日本

個人主義
（IDV）

ホフステードの 6D ／
中国・日本のスコア比較

6Dから紐解くと、それは日本と中国の集団主義の差が関係しているように見えます。中国と日本の集団主義／個人主義のスコアはそれぞれ20と46です。

日本は集団主義文化であると考えている方は多いと思います。実際、日本のスコアは50以下なので、個人主義の文化ではないことは明確です。一方で、世界の中では日本以上に集団主義の国が数多く存在します。中国は集団主義／個人主義のスコアが20で、日本よりも集団主義の文化であることを示しています。

「集団主義」文化では内集団に価値を置く

集団主義文化においては、内集団と外集団の間に明確な区別が見られます。人々は内集団のメンバーとは緊密な関係性をつくりますが、外集団のメンバーとは緊密な関係性を持ちません。中国の場合は、血縁関係が内集団の中心を形成するため、親族で顔を合わせ、好意の交換をする機会が多くなります。中国語圏出身の若い留学生などの話を聞くと、親戚同士でレストランに行くとその場の支払いを誰がするのかで議論になり、誰もが「私が払う！」と譲らないので、ほとんど喧嘩のような状況になることもあるそうです。

気前の良さを示すということは、中国の場合は面子に関わる話なので、叔母さんは親族の中の年長者としてお年玉をあげようとする。一方で、それを受け取ると、心理的な負債を負うことになるので、女の子の母親はそれを受け取ってはならないと言い、女の子は親の言いつけを守ろうとする。

現代日本では核家族化が進み、濃密で（時として面倒くさい）親戚関係は薄れてきているのかもしれませんが、そうした集団主義的要素は日本以外のアジア諸国では相対的に保存されていることがあり、それが日・中におけるCM表現の違いとして表れていると解釈できます。人は「ああ、子どもの頃こんなことあったな〜」とノスタルジーを感じるものに関しては愛着を感じ好意的な印象を持つ傾向があります。家族や親族など内集団の人間関係のあり方は文化によって変わってくるため、そうした違いを理解しておくことは、異文化におけるクリエイティブの解釈に有効です。

■ マイナスイメージを逆手に取る 東欧自動車ブランドの広告宣伝

👑 One Show 2019　Online Films & Video/Short Form 部門 メリット賞

フランス：Skoda France「Ugly in the 90s」

欧州でトヨタよりもシェアの高い自動車ブランド

Skoda（シュコダ）というチェコの自動車ブランドをご存じでしょうか。日本では馴染みが薄いですが、独VWグループ傘下で大衆車セグメントを担い、欧州ではコスパの良さで支持されています。欧州自動車工業会によれば、欧州市場（EU＋EFTA）における2018年上半期の新車販売台数は同社が10位（38万7千台、前年同期比9.0％増）。日本勢トップのトヨタが11位（37万6千台、同6.4％増）ですので、少なくとも台数面ではSkodaが健闘していることがわかります。

同社は1991年にVW傘下となって以降、品質・性能を格段に高め、販売台数も伸ばしていますが、西欧ではまだまだ旧東欧企業への偏見が根強く残るため、それを払拭する宣伝活動を積極的に行っています。

さりげなく偏見を払拭　話題になったティザー動画

ここでご紹介するのはSkodaフランスが公開した新型SUV（2016年に投入された「Kodiaq」の新型モデル）のティザー動画のクリエイティブです。動画のタイトルは「Ugly In The 90s（カッコ悪かった90年代）」。1分尺の動画の前半50秒では、90年代のフランスの情景が映し出されます。当時、流行したダンスミュージックをBGMに、サイケデリックな服装にマレットヘアやカート・コバーン風の髪型をしたニキビ面の若者たちの様子が映し出された後、「90年代にカッコ悪かったのは私たち（Skoda）だけではなかった」とテロップが流れます。

　テロップは「新作」という文言に切り替わり、黒ホリに新型Kodiaqのボディサイド、ヘッドライト、エンブレムなどの部位が、先進的かつ高品位に映し出されます。最後に「現在のSkodaを発見しよう」というテロップが流れ、車体全貌が一瞬現れる構成です。

　90年代の描写は確かに時代を感じさせますが、懐かしい青春時代をも思い起こさせます。つまり、好意的なイメージも内包した一見カッコ悪い「90年代フランス」をSkodaに投影することで、無理なく同社のイメージを質的に良化させる狙いがうかがえます。

　制作元の仏Rosaparkは「Skodaが目指すブランド・ポジショニングはゲームチェンジャー。過去のマイナスイメージは進化を示すのに好都合」と説明しており、実際に過去を認める潔さと、新型Kodiaqの先進性・品位が相まって、このティザー動画は好意的に受け止められました。

今と昔を語るフランスの表現

　広告をはじめとするフランス国内の表現を見ていると、過去からの時間の流れの中で「今」を位置づけて語ることが多いように感じます。全く新しいことを始めるよりは、過去を踏まえた上で漸次的な進歩を良しとする保守主義の考え方が根底にあるようです。

　ホフステードの6Dの短期志向／長期志向と人生の楽しみ方の2つの軸でフランス文化を見ると、フランスは長期志向（LTO=63）でやや悲観主義的（IVR=48）な文化であることがわかります。一方で、同じ軸でアメリカの文化を見ると、アメリカは短期志向（LTO=26）で楽観主義的（IVR=68）であることがわかります。

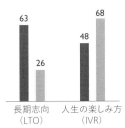

ホフステードの 6D ／フランス・アメリカのスコア比較

　このため、例えばアメリカで車のコマーシャル動画を作るとしたら、車を所有することでいかに「今」「楽しいか」という訴求を行った方が、文化的には受け入れられやすいものとなります。Skodaのティザー動画は「過去はカッコ悪いところもあった。その上で、今の新しいブランドがある」と、より長期で酸いも甘いも含めた表現となっています。これは、フランスの長期志向・やや悲観主義の文化傾向を考えると、自然なメッセージ作成のアプローチと考えることができるかもしれません。

■「不快」な広告クリエイティブに 課された役割

ナイジェリア：The Hook Creative Agency「THIS IS A DISGUSTING AD.」

ナイジェリアで盛り上がるクリエイティブ産業

「ラストフロンティア」と言われるアフリカ。中でも大陸最大の経済規模を誇り、人口の急速な増加が見込まれる有望市場がナイジェリアです。2021年現在2.1億人、2050年までに4億人に迫ると予測されています。ナイジェリアと言えば、同国最大の商都ラゴスがかつて「アフリカ三大凶悪都市」のひとつと言われていたこともあり、貧しくて治安が悪い、クリエイティブとは縁遠い新興国というイメージをお持ちの方が多いのではないでしょうか。

　確かに以前はそのようなイメージに近い状況だったかと思いますが、現在のナイジェリアは固定電話やPCのない状況から一気にスマートフォンやモバイル決済が普及するリープフロッグ現象が起き、アフリカ最大のテック集積地になりつつあります。また、クリエイティブシーンが盛り上がりを見せています。キャリアプラットフォーム大手Jobbermanによれば、クリエイティブ産業の就業者数は農業に次ぐ第2の規模（2021年時点で420万人が従事）にあり、さらに2025年までに270万の新たな雇用が創出されると予測しています（2021年5月報告書）。クリエイティブ作品自体も興味深いものが多いので、ここでひとつ現地で話題になったという広告をご紹介します。コピーは「THIS IS A DISGUSTING AD.（これは不快な広告）」です。

母の日に「犯罪に手を染めてはならない」と呼びかける

　同広告は無名のクリエイター 4名によって設立されたばかりのクリエイティブ・エージェンシー The Hook Creative Agencyが、「母の日」に合わせて展開したもの。描写されているのは「女性の手」と「粘液」。その下には「この広告を見て不快になった人もいるでしょう。あなたの鼻水を口で吸っ

てくれた人を思い浮かべてください。あなたの小さな鼻を痛めないように、口でたくさん吸ってくれた彼女を。今日、母の日を祝いましょう」とあります。

　クリエイティブディレクターのトヒーブ・バログン氏は「母の日のギフト広告でモノが売れても、社会は良くならない」と言います。同広告は「献身的に育ててくれた母あっての自分」ということを思い起こさせ、「そんな大切な人を悲しませてはいけない（＝犯罪に手を染めてはならない）」という感情を形成する狙いがあるそうです。

母の日に合わせて展開した広告

The Hook Creative Agency の創業メンバーたち

集団の文化を理解しなければソーシャル・マーケティングは難しい

「犯罪に手を染めてはならない」というメッセージは正論ではありますが、このメッセージをターゲットとするナイジェリアの若者たちに真正面から説得しても、なかなか聞き入れてはもらえません。社会変革を「プロダクト」と捉え、マーケティングの手法を使って浸透させることを「ソーシャル・マーケティング」として論じたのはコトラーですが、社会的「プロダクト」はそれを採用する便益がターゲットに理解されにくいことが多く、説得するのが難しいことも知られています。

　そのため、ソーシャル・マーケティングを行う際には、ターゲットが属する集団の文化を理解し、文化的価値観に響くメッセージを形成することが欠かせません。

「集団主義」の文化に根差す表現がナイジェリア人の情動を揺さぶる

　このナイジェリアの母の日の広告は、「集団主義」の価値観に根差したメッセージの構造が見えます。ホフステードの6Dに照らすと、ナイジェリアは集団主義文化（IDV=30）の特徴を持つことがわかります。

集団主義の文化では、人は自分が所属する集団の面子を潰したり、恥さらしになることを嫌います。そして、家族や所属集団に対する責任が意識されます。近年、研究が進んでいる文化心理学の脳機能研究では、集団主義の文化に属する人は、母親などの重要な他者を想起したときに内側前頭前皮質が賦活化することが知られています。

　「犯罪に手を染めてはならない」というメッセージを説得的に伝えるために、母と子どもという家族の構造を持ち込むことは、集団主義の人々にとっては情動を揺さぶるメッセージ構成となり得ます。手と粘液というクリエイティブ表現と合わせて、集団主義においてソーシャル・マーケティングを有効に作用させるひとつの仕掛けと言えます。

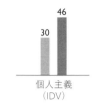

ホフステードの 6D ／
ナイジェリア・日本のスコア比較

▰ 風刺の効いたフェムバタイジング 『タンポンの本』

カンヌライオンズ 2019　PR 部門グランプリ
D&AD 賞 2020　White Pencil

ドイツ：The Female Company『THE TAMPON BOOK』

書籍に隠されたタンポン　その狙いはいかに？

　ドイツで『THE TAMPON BOOK（タンポンの本）』という書籍が話題を集めました。本書には聖書時代から現代に至るまでの生理にまつわる話が46ページで収められ、副題は「差別的課税に反対する本」。付録として「オーガニックタンポン」が15個ついてきます。販売元はオーガニックタンポンをサブスクリプションモデルで販売する女性起業家によるスタートアップ The Female Company。同社によれば、初回ロットは販売開始2日で完売し、その後も注文が殺到したそうです。

　なぜこれほどドイツで話題になったのでしょうか？ドイツでは生理用品の付加価値税（日本の消費税に相当）が19％（標準税率）なのに対し、書籍の税率は7％（軽減税率）で、タンポンを書籍の付属品として販売することで税率を合法的に19％から7％へと軽減することができているのです。

『THE TAMPON BOOK』と付録のタンポン　　　© Scholz & Friends

世界三大珍味よりも高い税率　矛盾に切り込むドイツ人女性たち

　元々生理用品は多くの国で課税対象でしたが、数年前から消費税撤廃を求める動きが世界的に広がっています。すでにオーストラリア、カナダ、アメリカの一部の州などでは完全撤廃され、欧州では2016年に欧州連合（EU）から消費税撤廃を認める方針が出されています。

　とは言え、EU加盟国の内、最も税率が高いハンガリー（27％）を筆頭に10カ国以上で当時20％以上が課されており、ドイツの19％も比較的高く、先進7カ国（G7）ではトップ。ちなみに世界ではじめて消費税が導入されたフランスは、欧州連合の動きに先立ち2015年に国民議会から軽減税率の適用（20％→5.5％）が承認されています。イギリスは2021年のEU離脱をきっかけにタンポンへの課税を廃止しました。

　The Female Companyの主張は、ドイツで生活必需品に適用される軽減税率7％が世界三大珍味（キャビア・フォアグラ・トリュフ）などの贅沢品にも対応しているのに、女性の生活に不可欠な生理用品が標準税率19％というのは差別的課税にあたる、というものです。そこで軽減税率の対象である書籍と重ね合わせることで消費税を抑えつつ、「問題の認知拡大」を狙った"フェムバタイジング"を企画したのです。

米オバマ元大統領の言葉「法律は男性によって作られた」を引用
© Scholz & Friends

同社の共同創業者のひとりであるアンソフィー・クラウス氏によれば、並行して署名サイト「change.org」で立ち上げた軽減税率適用を求める請願書には17万を超える署名が集まり（2019年6月時点）、ついにはドイツ連邦議会で議論の場が設けられることになりました。そして2020年より7%への減税が実現したのです。

男性性が高いドイツの文化　自国の男性性に対する挑戦か?

　ホフステードの6Dに照らすと、ドイツは男性性（MAS=66）の傾向を持つ文化です。男性性の文化では、性に関する露骨な議論はタブーとされます。そのため、税率の引き下げを議論の土台に載せ、問題の認知拡大を狙う"フェムバタイジング"は文化的には物議を醸す可能性があります。一方、隣国フランスは女性性の傾向を持つ文化（MAS=43）です。女性性の文化では、性に関する議論はオープンな傾向があります。欧州の中でドイツよりも先にフランスの方がタンポンに対する軽減税率を適用した背景のひとつに、こうした独・仏の女性性／男性性の文化差があるのかもしれません。

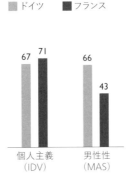

ホフステードの 6D ／ドイツ・フランスのスコア比較

　ドイツは個人主義文化（IDV=67）の傾向を持つ国でもあります。個人主義の文化においては個人が明確な主張を行うことは自然なことです。『THE TAMPON BOOK』による"フェムバタイジング"は、性に関するオープンな議論を避けようとする自国の男性性文化に対する、個人主義的な価値観にもとづく挑戦という見方もできるでしょう。

■■ 賛否両論も織り込み済み ルノーの実験的 CM

フランス：Renault「New Renault KADJAR - Escape To Real」

> **バーチャルキャラクターを起用　仮想から現実へ逃避しよう**

　ルノーがフランスで新型SUV KADJAR（カジャー）の実験的な販促ムービーを展開しました。CGで制作された「LIV」という名前のバーチャルキャラクターをアンバサダーに任命し、彼女に現実の新型KADJARを運転させ、その魅力（力強さと乗り心地）を伝えようとする試みです。

　このムービーのタイトルは「現実へ逃避しよう（Escape To Real）」。映像では、まずKADJARの目の前にLIVがSFドラマ「スタートレック」のテレポートのようにノイズを帯びながら現れ、彼女がバーチャルな存在であることが示されます。

　場面が切り替わり、ノイズの解消されたLIVが運転席に現れ（カジャーの運転席＝良好な状態という意味づけが行われ）、市街地を出発します。峠道を軽快に進み、カーナビのメニューから「現実へ逃避」を選択。すると次第に道は険しくなり、クライマックスではオフロードを力強く駆け抜け、景色を一望できる地点に到着します。その過程で映し出されるLIVの表情は生々しく、世界が追求する先端テクノロジー（VRやAIなど）の象徴であるLIVの逃避先が

「リアルな現実」であるというパラドックス・撞着効果も相まって、妙に運転のリアリティを感じさせられるのです。

あえて「不気味の谷」を意識　賛否両論も想定したクリエイティブ

　一般的にキャラクター開発を行う際、ロボット工学や認知科学の領域で言われる「不気味の谷現象」（CGやロボットを本物の人間に似せていくと、ある段階で不気味に感じられる現象）を回避しようとします。

　本ムービーのクライマックス（オフロードを駆け抜けるシーン）で描かれたLIVの表情はいささか狂気じみていて、動画コメント欄には「不気味の谷現象」の指摘や「バーチャルキャラクターで人の感情を動かそうとするのはいかがなものか」と嫌悪感を示すコメントなどが散見されますが、販促のコンセプトからして、人間の脳が感じる違和感をあえてショック療法的に活かして「運転の感覚」を再現させようとする制作陣の狙いが感じられます。

　リアルとバーチャルを対立概念として扱わず、両者が交じり合った複合現実（MR＝ミックスド・リアリティ）に広告表現の可能性を見出した試みとも言えるでしょう。視聴者の賛否両論が割れることが想定されたコンセプトと考えられ、リスク回避を優先する日本企業ではなかなか実現できない広告表現ではないでしょうか。

個性的な表現に価値を置くフランス文化

　フランスは個人主義（IDV＝71）の傾向を持つ文化です。通常、個人主義文

化では表現は明確に伝わりやすい形でなされます。そのため、例えば同じように個人主義文化であるアメリカの車のCMを見ると「何人乗れるか?」「どんな便利な機能があるか?」といった訴求が多く見られることがあります。顧客個人にとって何がメリットなのかを表現するCMが多くなる傾向があるということです。

　フランスは同じ個人主義なのですが、アメリカとは異なり「顧客にとって何がメリットなのか?」を明示的には言わず、ひねりを加えた個性的な表現をしようとする傾向があります。この傾向は車のCMに限らず、例えば前述のオランジーナの「上下逆さまの缶デザイン」などでも見られる。

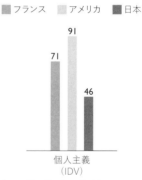

ホフステードの6D／フランス・アメリカ・日本のスコア比較

　KADJARを運転するLIVはCGなので、そもそもターゲット顧客はLIVに感情移入しにくい可能性があります。CGキャラクターが顧客に気味悪さを喚起する可能性もある中で、それでもこうしたCMを作る姿勢には、わかりやすさよりも個性的な表現に価値を置く、フランスの国民文化が透けて見えるように思います。VR技術が進歩し、世の中が「仮想現実への逃避」に向かっている中で、逆に「現実への逃避」というメッセージを出すあたりが、知性を重視するフランス文化らしいと感じます。

■■ ロックダウン下の「Stay Home」広告 ナイジェリアの貧困層に届ける工夫

ナイジェリア：The Hook Creative Agency「HANGRY MAN」

アフリカで苦渋の封鎖措置緩和、密集状態に逆戻り

次はナイジェリアの「Stay Home」キャンペーンをご紹介します。アフリカ大陸も新型コロナウイルス対策で多くの国がロックダウン下にありましたが、2020年の夏には一部地域で経済再開に向けて封鎖措置を緩和する動きが出はじめました。医療体制が整っていないアフリカで制限を緩めれば感染急拡大が懸念される一方で、サブサハラ地域では人口の4割が国際貧困ライン（1日1.90ドル＝約250円）以下で生活しているため、制限を続ければ感染以前に飢餓が広がりかねない、という深刻な事情が背景にあったためです。

人口や経済規模の面でアフリカ最大のナイジェリアも、都市部（首都アブジャやラゴス州）で施行していた制限を5月から段階的に緩和し、経済活動を再開させていました。政府は国民に引き続き感染予防としてマスク着用や20人以上の集会禁止を義務づけたものの、都市部は生活を取り戻そうとする大勢の人々であふれ返り、商いの中心であるマーケットでは早くも密集状態が発生していました。貧困層が集うマーケットで集団感染が起きれば爆発的な感染拡大を招きかねません。

貧困層に「Stay Home」を伝える工夫

この状況を危惧した現地のクリエイティブ・エージェンシー The Hook Creative Agencyが「Stay Home」キャンペーンを企画しました。生き延びることで精一杯な貧困層に、ストレートに感染予防を説いても響かないですし、何よりもまずメッセージに触れてもらわなければなりません。そこで、同社は以下のクリエイティブを設計しました。

いま起きている事態を「映画」に見立て、「新作映画の宣伝」を模したポスターを密集地のいたるところに貼り出す伝達方法が採られました。ナイジェリアでは映画が代表的な大衆娯楽なので、関心を引きやすいだろうという読みです。ポスターの内容は、空腹を抱えた貧困層への訴求力を高めるため、仮想映画のタイトルを「空腹の男（HANGRY MAN）」とし、以下のボディコピーが設定されました。

　「父は、金持ちが持ち込んだ病気のために家にいないといけないことが理解できなかった。彼は外出し、家にウイルスを持ち込んだ。本当の話です」

制作された映画風ポスター
「Fada」はナイジェリアのスラングで父の意

　ウイルスという見えない敵に対する恐怖に訴える論証ではなく、「金持ち」という仮想敵を設定し「金持ちのせいで感染してもいいのか？」と問いかけることで内発的動機づけを促しています。「金持ちが持ち込んだ」のはフィクションですが、富裕層と貧困層の対立関係を用いる発想はナイジェリアにおける社会的分断の深刻さを表していると言えるでしょう。

男性性の高い文化ではレポトークが有効

　社会的なメッセージを伝えるソーシャル・マーケティングでは特に、広告を制作する際に、その土地の人々の文化的価値観を踏まえる必要があります。なぜなら、人々は何かを買いたいというような明確なニーズを持っているわけではなく、そもそも自分に関係がないと感じる社会的メッセージに対して注意を払わないからです。メッセージが現地の既存の価値観とどう紐づくかによって、そのメッセージが受容されるかどうかが変わります。今回のナイジェリアの映画風ポスター「空腹の男（HANGRY MAN）」は、短いメッセージの中に、文化的に効果的な文言が選ばれているように感じます。

　まず、ホフステードの6Dに照らすとナイジェリアは男性性が高い（MAS=60）文化です。血が滴る鉈をモチーフに選んでいる点から攻撃性を感じさせますが、ポスター内の文章で「本当の話です」と事実訴求をしている点に男性性への配慮が見え隠れします。

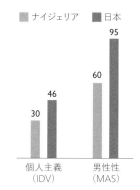

ホフステードの 6D ／ナイジェリア・日本のスコア比較

　マーケティング／消費者行動の専門家であり、ホフステード博士との共同研究も多いマリーク・デ・ムーイ氏は男性性の高い文化では「レポトーク（＝情報を伝える会話）」が多く、女性性の高い文化では「ラポトーク（＝感情をやり取りし、関係を結ぶための会話）」が多いことをデータで明らかにしました。外出し、家にウイルスを持ち込んだ事例があるという事実を伝えることは、男性性の高い文化では理解されやすくなると予想されます。

また、ナイジェリアは集団主義（IDV=30）の文化です。そのため「家にウイルスを持ち込んだ」と家族集団を想起させることで、集団に対する責任感を喚起させることを狙っているように見えます。

　人々が広告に目を向ける時間は非常に短いことが予想されるため、現地の人々がスッと理解し、腹落ちする情報構造をつくることは非常に大切です。異文化理解はその構造を考えるひとつの手立てとなります。

パンデミック下の広告は適切？不適切？ 調査から見える欧米5カ国の違い

広告に対する意識調査より

広範に及ぶ自粛ムードの影響

　AFP通信によると、2020年4月には新型コロナ対策で世界の人口の約6割にあたる45億人が外出制限下に置かれていました。パンデミックが発生している状況下では感染拡大を防ぎながら、生活の土台となる経済活動を維持する必要がありますが、様々な考えや感情が行き交う中で「自粛ムード」が販売活動広範に及び、経済活動とのバランスが保ち難くなっていきました。この頃、「広告宣伝、販促活動をどういったニュアンスで、どこまで実施してよいものか？」と頭を悩ませていたマーケターの方も多いのではないでしょうか。

　「自粛」とは社会心理学で「自己検閲」にあたり、周囲の反応により、自分の意見の表明を控えることを指します。つまり、周囲の空気を読んだ言動をすることなので、国の状況や国民性によっても異なり、また各国の中でもグラデーション的な意識の差があるものです。社会が揺れ動く中で空気を読むためにも、消費者の意識に一層の注意を払う必要があるということです。ここでこのパンデミック下における欧米の「広告に対する消費者意識」をご紹介します。

欧米5カ国内でも異なる　広告に対する消費者意識

　多くの国・地域がロックダウンに入った直後の2020年3月から4月にかけてEpsilon-Conversantが欧米5カ国（イギリス、フランス、アメリカ、イタリア、スペイン）を対象に、広告に対する意識調査を実施しました。同調査によると、「パンデミック下でブランドが広告を出すことは適切だと思いますか」という問いに対して、5カ国平均で62％の人が「適切」と回答し、広告接触につ

いて欧米の消費者がどちらかと言えば好意的に捉えているという結果が報告
されています。

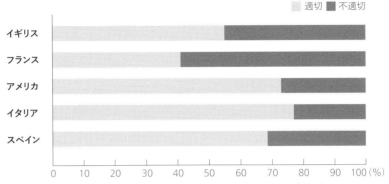

パンデミック下でブランドが広告を出すことは適切だと思うか？（5カ国の回答結果）
（出典 Epsilon-Conversant）

　一方、国別で傾向を見ていくと、アメリカとイタリアは7割以上の人が
「適切」と答えたのに対し、フランスは6割以上の人が「不適切」と答える
など、欧米の中でも意識の差が顕著に表れています。こうした傾向の表れか、
フランスでは広告の内容そのものに変化が見られ、パリ市内で目にする
OOH（屋外広告）はその大半が「感染予防対策」や「医療従事者に向けた応援
メッセージ」などの社会性を備えた内容に置き換わりました。

パリで空いた OOH 広告枠に掲示された、
医療従事者に向けた応援メッセージ

広告の受け止め方は国の文化によって異なる

　新型コロナによるロックダウンは、住民に大きな制約を課し、大きな集団的ストレスを引き起こしたため、消費行動に関して、そこに文化の影響があるのかどうか、確定的なことを言うことはできません。大きなストレス状況下での行動は通常の購買行動とは異なる行動となることは容易に想像ができるからです。と同時に、ほぼ世界同時に起こったパンデミックに対する人々や政治家の反応の仕方には差が観察され、その背後における文化の影響に関しては、今後様々な調査・研究が蓄積されていくと思います。

　今回のEpsilon-Conversantで取り上げられた欧米5カ国（イギリス、フランス、アメリカ、イタリア、スペイン）は、日本では「欧米諸国」と括られますが、明確な文化差が存在します。例えば、この5カ国の中でフランスは女性性／男性性（MAS）のスコアが43と低く、他の4カ国と比べて女性性の高い文化として知られています。

　男性性の高い文化では、自我（エゴ）が強調されます。野心的であることは好ましいことであり、企業が競合より抜きんでて、自社をアピールすることが自然に受け取られます。一方で、女性性の高い文化では関係性が強調され、弱者への配慮が求められます。また、抜きん出ることは嫉妬の対象となります。

　本書の冒頭でもご紹介しましたが、ビール業界で、アメリカのバドワイザーが「THE KING OF BEERS」と広告を出す一方で、デンマークのカールスバーグは「PROBABLY（たぶん）THE BEST BEER IN THE WORLD」と競争心を抑えた広告を出していました。アメリカは男性性の高い文化ですが、デンマークは女性性の高い文化であり、広告の違いは、文化の差の表出例として解釈することができます。

　女性性の高い文化では、今回のパンデミックのような状況で、仮に「他社より優れている」といった他社を出し抜く意図が明確なメッセージの広告を出した場合、否定的に受け取られることが予想されます。多くの困窮した人が発生している状況で、他を出し抜くことを意図しているということ自体が、

文化的な価値に反するからです。

　前述の調査では、フランスではパンデミックの状況下で広告を出すことが適切でないと感じる人が多いことを示していますが、その背景には文化的な価値観があるのかもしれません。広告の内容はもちろん、広告出稿するタイミングに関しても文化的な背景を押さえておくことが重要です。

第 3 章

グローバルチェーンの
コミュニケーション
──バーガーキング広告の多国間比較

企業の広告やプロモーション表現には、
同じブランドでも国によって違いが出ることがあります。
国民文化の中心には価値観があり、国によって違うため
訴求するメッセージや訴求の仕方が変わるというメカニズムです。
中でもマクドナルドとバーガーキングの広告は
しばしば国民文化の違いを端的に表現しているので、
各国の事例を見ていきましょう。

PDI **IDV** **MAS** UAI LTO IVR Mental Image

● マクドナルドに対する隠しコメントに "日本らしさ"を見る

日本：バーガーキング秋葉原昭和通り店 店頭ポスター

　2020年1月、秋葉原のマクドナルドが建物の建て替えに伴う一時閉店をした際、2軒隣に位置するバーガーキングが店頭に掲げたポスターがSNSを中心に大きな話題となりました。

　この秋葉原のバーガーキングの表現は、ホフステードモデルと照らし合わせると非常に日本らしく感じられますので、文化的なメカニズムの紐解きをしていきます。

一見しただけではわからない、日本的「暗黙の表現」

　前ページのTwitterでは、マクドナルドの店頭ポスターとバーガーキングの店頭ポスターが比較されています。左のマクドナルドのポスターは、閉店を伝えるシンプルなものです。ドナルドが後ろ向きで手を上げ、「See you」と書かれています。文章の詳細は以下の通り。

22年間のご愛顧ありがとうございました。
マクドナルド秋葉原昭和通り店は2020年1月31日（金）18：00をもちまして閉店させて頂くこととなりました。
22年間どうもありがとうございました。
当店をご愛顧賜りましたお客様に深く感謝申し上げるとともに、
引き続きマクドナルドをご利用頂けますよう、何卒宜しくお願い申し上げます。
See you
（以下、近隣店舗の案内）

　これに対し、2軒隣のバーガーキングが掲出した店頭ポスターが右側の写真です。ポスターはマクドナルドと似たような構図で、バーガーキングの店員が深々とお辞儀をし、「Thank you」と書いてあります。こちらの詳細は以下の通りです。

22年間たくさんのハッピーをありがとう。
私たちの2軒隣のマクドナルドさんが今日で最終日を迎えます。
たがいに良きライバルとして、アキバを愛する仲間として
ちかくにいたからこそ、私たちも頑張ることができました。マクドナルドさん
のいないこれからを思うと寂しさでいっぱいです。どうかみなさん、
勝手なお願いですが、今日は彼のところに行ってください。ずっと背中を追い続けた
チャレンジャーの私たちから、スマイルを込めて。お疲れさまでした。
Thank you
（以下、マクドナルドのレシートを持参した顧客へのコーヒーサービス告知）

22年間たくさんのハッピーをありがとう。

私たちの2軒隣のマクドナルドさんが今日で最終日を迎えます。
たがいに良きライバルとして、アキバを愛する仲間として
ちかくにいたからこそ、私たちも頑張ることができました。マクドナルドさん
のいないこれからを思うと寂しさでいっぱいです。どうかみなさん、
勝手なお願いですが、今日は彼のところに行ってください。ずっと背中を追い続けた
チャレンジャーの私たちから、スマイルを込めて。お疲れさまでした。

Thank you

マクドナルドさんとの楽しかった
思い出を、語り合うなら‥‥‥

1月31日(金)〜2月6日(木)の期間に
マクドナルド秋葉原昭和通り店さんの
レシートを持参の方に、
バーガーキングのアラビカ種100%の
ブレンドコーヒー(S)を無料プレゼント。

※バーガーキング秋葉原昭和通り店限定。
※1レシートにつき1回となります。

一見すると、バーガーキングのポスターは近隣のライバル店の労をねぎらう礼儀正しい文章です。マクドナルドのレシートを持参した顧客にはコーヒーをサービスしますよ、とありますが、これも普通のキャンペーン告知の範囲内に見えます。

　しかし、このバーガーキングのポスターをよく見てみてください。というのも、行頭の文字を縦読みすると、「私たちの勝チ」になり、バーガーキングによる勝利宣言メッセージになっているのです。

22 年間たくさんのハッピーをありがとう。
私たちの 2 軒隣のマクドナルドさんが今日で最終日を迎えます。
たがいに良きライバルとして、アキバを愛する仲間として
ちかくにいたからこそ、私たちも頑張ることができました。マクドナルドさん
のいないこれからを思うと寂しさでいっぱいです。どうかみなさん、
勝手なお願いですが、今日は彼のところに行ってください。ずっと背中を追い続けた
チャレンジャーの私たちから、スマイルを込めて。お疲れさまでした。
Thank you
（以下、マクドナルドのレシートを持参した顧客へのコーヒーサービス告知）

　この施策は非常に日本文化らしい表現に感じられます。理由は2つあります。まず1つ目はわかりやすい／わかりにくいの中間の広告であること。2つ目はやっぱり勝ちにこだわっていることです。

　1つ目のわかりやすい／わかりにくいの中間の広告ということは、次のような点に由来します。つまり、メッセージを縦読みに仕込んでいるので一見わかりにくい。しかし、読めてしまえば「私たちの勝チ」と書いてあるので意味は明確でわかりやすいということです。

　2つ目のやっぱり勝ちにこだわるというのは、メッセージ通りですが、ライバル店に勝ったと表現しているということです。

バーガーキング広告に見る日本文化

　この2つのポイントは、ホフステードの6Dの集団主義／個人主義と女性性／男性性の日本スコアと照らし合わせると、その文化的背景がよくわかります。下記の通り、日本の集団主義／個人主義のスコア（IDV）は46で、女性性／男性性のスコア（MAS）は95です。IDVは真ん中で、MASは高い、というのが日本文化の立ち位置です。

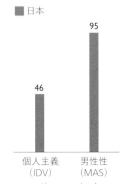

ホフステードの 6D ／日本のスコア

　個人主義文化は明確な表現を好み、集団主義文化は暗黙の表現を好む傾向にあります。日本は若干集団主義の方にスコアが寄ってはいますが、概ね個人主義と集団主義の中間に位置します。先ほどの「一見わからないが、読み取れればメッセージは明確」という表現の仕方は、まさにこの日本の「中間」の文化スコアの表現に見えます。

　また、男性性の高い文化では勝つことが重視されます。日本は男性性の高い文化ですが、その文化の特徴は「私たちの勝チ」とメッセージに織り込むところに非常によく表れているように見えます。

🏴󠁧󠁢 個人主義文化だから成立する あからさまな比較広告

イギリス：「A Whopper of a Secret」

　本書の冒頭で、企業の広告やプロモーションの表現には文化の差が明確に出ることがある、と述べました。同じバーガーキングのプロモーションですが、日本とは文化の異なる他国ではどのようなものになるのでしょうか？例えば、イギリスだと2019年に以下のような広告がありました。

　この広告では、バーガーキングのCMやプロモーション素材の撮影の際に、常にバーガーキングのハンバーガーの後ろにマクドナルドのビックマックが置いてあったことが明かされます。明確な大きさ比較で、「バーガーキングの方が大きい」ことを、視聴者に強く印象づけます。

　このCMは文化的な「イギリスらしさ」を感じさせます。ホフステードの6DでイギリスのスコアとCMの内容を照らし合わせてみましょう。

イギリスは個人主義（IVD=89）で男性性の高い文化（MAS=66）です。

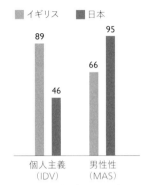

ホフステードの6D／イギリス・日本のスコア比較

　日本と同様に男性性が高いので、イギリスでは文化的に「勝ち負け」にこだわります。そのことは「バーガーキングの方がマクドナルドよりも大きい」という比較広告に見て取ることができます。同時に、イギリスは個人主義文化なので、メッセージは明確に表現する傾向にあります。

　CMでのハンバーガーサイズの比較は、誰が見ても明確で、これを見た消費者全員が「バーガーキングのワッパー（ハンバーガー）の方がマクドナルドのビックマックよりも大きい」と理解できるように、CMが構成されています。こうした比較広告は特に男性性の高い競争文化圏で多用されますが、対立よりも協調に価値を置く女性性の高い文化では攻撃的に映る可能性があり、工夫が必要です。

➕ 困っている人を助けずにはいられない？
➕ 北欧の2つのキャンペーン

デンマーク、フィンランド：「The Whopper Reply」「Love Conquers all.」

　別の文化圏の国々の事例を見てみましょう。デンマークとフィンランドは欧州の国々ですが、文化的にはイギリスとは異なります。ホフステードの6Dに照らすと、デンマークとフィンランドはいずれもイギリス同様に個人主義（IDV=74/63）ではあるものの、女性性文化（MAS=16/26）であることがわかります。

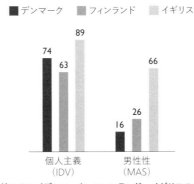

ホフステードの 6D ／デンマーク・フィンランド・イギリスのスコア比較

　この女性性／男性性の違いは、やはり両国のバーガーキングの広告にも見て取ることができます。

▎マクドナルドに寄せられた苦情に勝手に答える

　デンマークのバーガーキングでは、競合のマクドナルドのSNSに寄せられた顧客の苦情に勝手に丁寧に回答を寄せ、そのついでにちゃっかりと自社商品を宣伝するキャンペーン「The Whopper Reply」を2020年に行いました。

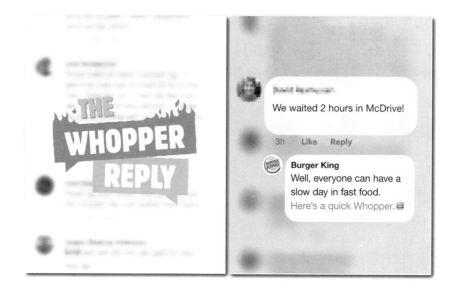

　女性性が高い文化では「自分の方が大きい・強い」という主張をすることは、文化的に良いこととは受け取られない傾向があります。そのため、イギリスのCMのような「バーガーキングの方が大きい」といったダイレクトな勝利表現は避けられる傾向が出てきます。

　その代わりに、女性性文化の価値観の1つである「困っている人を助ける」という点に関連したプロモーションを実施しています。実際には、助けているのは、苦情に返信しきれなくて困っているマクドナルドというわけではなさそうですが、競合に対する優位性を主張するメッセージ構造にはなっていない点がポイントです。

キングがドナルドに情熱的なキス

　同じく2020年に展開されたフィンランドの広告「Love Conquers all.（愛はすべてに打ち勝つ）」には、より女性性の価値観を強く感じるかもしれません。次ページの画像は、ヘルシンキで開催された「ゲイ・プライド」イベントに合わせたバーガーキングのSNS投稿（広告でも同じビジュアルを展開）ですが、バーガーキングのキングがライバルであるマクドナルドのドナルドに情熱的なキスをしています。

　女性性の高い文化では、マイノリティを包摂し、調和を求めることを価値と捉えます。LGBTのイベントに合わせたプロモーションを行い、その表現も偏見を恐れない一歩踏み込んだものとなっていることがわかります。日本は男性性の高い文化なので、こうした広告表現を見るとぎょっとする人も多いかもしれませんが、この広告表現は、男性性と対局にある女性性文化の価値観を明確に表していると感じます。

■ 宿敵マックを応援?
意外な声明でフランス人の心をつかむ

フランス：「Commandez chez McDo.」

　続いて、コロナ禍で女性性の高さが際立ったフランスの事例です。フランスは新型コロナ第2波を抑えるため、2020年10月に2度目のロックダウンに入りました。その翌日、同国のバーガーキングが新聞2紙（『L'Équipe』『Le Journal du Dimanche』）と公式Twitterで宿敵マクドナルドを応援する声明を発表しました。

　バーガーキングの声明文（以下意訳）は「マックで注文しよう」という見出しから始まり、「こんなお願いをする日がくるとは思いもしませんでした。マクドナルドに限らず、KFC、Quick、O'Tacos他（中略）や個人経営のレストランも含め、ファストフードか否かにかかわらず飲食業界の応援をお願いすることになるとは…。何千人ものスタッフを雇用する飲食店が皆さんの助けを必要としています。ご支援いただけるなら、今後もデリバリーやテイクア

ウト、ドライブスルーを利用して食事を楽しんでください」と苦境が続く飲食業への支援を呼びかけたのです。

最後に「ワッパーを注文するのがベストですが、ビッグマックを注文するのも悪くありません」と、ユーモアも交えて宿敵の定番商品をおすすめしています。

コロナ禍で際立つ企業姿勢とコミュニケーション戦略

公式Twitterでは「今回は冗談抜きで」というコメントと共に声明文の記された画像が投稿され（前ページ）、瞬く間に拡散しました（3週間で約1.8万RT）。コメントは「感動した」「今こそ結束しよう」との共感の声から「究極のフェアプレイ」「コーポレートコミュニケーションのお手本だ」といった企業倫理を評価するものまで賛同が広がりました。

バーガーキングの声明は日頃のマクドナルドとの関係性からすると異例の呼びかけに見えますが、少し引いて見るとフランスらしさが見えてきます。

文化で読み解くバーガーキングの声明

ホフステードの6Dに照らすと、フランスもデンマーク・フィンランドと同様に女性性が高め（MAS=43）の文化です。一方、フランスは両国と異なり、権力格差が高い（PDI=68）文化でもあります。

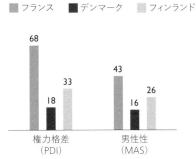

ホフステードの6D／フランス・デンマーク・フィンランドのスコア比較

女性性が高い文化では、競合相手より秀でることよりも、連帯や協力を重視する傾向があります。伝統的にフランスでは「ソリダリテ（solidarité：連帯・団結）」という考え方が大切にされています。

　連帯の概念の根底にはフランス革命で掲げられた友愛の思想があり、目的などを共有したときに強い結束力を発揮します。権力格差が高いフランスにおいては、強大な権力と対峙するために、皆で連帯して権力と対峙することがあり、この傾向は、例えば企業における労働組合の活動などに見ることができます。

　コロナ禍は、まさに連帯して乗り越えていく必要のある強大な相手です。このような状況下では、自社商品の優位性を示したり、競合比較を行ったりするよりも、フランス文化の根底にある女性性の高さ、つまり連帯の伝統に訴えかけることがフランス人の心をつかんだのは、自然なことだと言えるでしょう。

■ インドネシアのバーガーキングが
聴覚障害者の採用促進に示した"本気"

インドネシア：「Voice of the Silent」

　次は欧州から遠く離れた東南アジアのインドネシアの事例です。インドネシアのバーガーキングは2018年からインクルージョンのイニシアティブとして聴覚障害者の積極採用を開始しました。聴覚障害者が調理場などの裏方に留まらず、健常者同様にカウンターでの接客業務にも対応できるよう、環境の整備にも取り組み、障害者の新たな雇用を後押ししています。聴覚障害者が働く様子は以下のような動画で公開され、差別なく楽しく働ける環境であることが訴求されています。

他企業を巻き込んだ手話啓蒙キャンペーン

　同社はこれまで有能な人材を見逃してきたことに気づいたとして、他企業にも障害者雇用を働き掛けたいと考えたそうです。ところが、企業側で手話の知識を持つ人材はほとんどいません。

　そこで、2020年12月の国際障害者デーに「Voice of the Silent（沈黙の声）」と題した手話啓発キャンペーンを企業の採用担当者をターゲットに展開しました。特設サイトでインドネシア初の手話フォント「BK Bisindo（Bisindo＝インドネシア手話）」を無料でダウンロードできるようにし、「Alone we can do so little. Together we can do so much.（一人では何もできませんが、力を合わせれ

ば多くのことができます）」と、企業の採用活動で同フォントを活用するよう働きかけました。

　キャンペーンの結果、フォントのダウンロード数は1万件を超え、65社の企業が連帯と聴覚障害者採用開始の意思表明として、企業CIのフォントを一時的に手話フォントに置き換えるなど、大きな反響を呼びました。

手話フォント「BK Bibindo」（左）、手話フォントに置き換えたバーガーキングロゴ（右）

女性性が高く集団主義文化の国ならではのメッセージ

ホフステードの6Dに照らすと、インドネシアはわずかに女性性寄り（MAS=46）で、集団主義（IDV=14）の文化です。

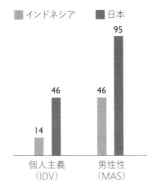

■インドネシア　■日本

ホフステードの 6D ／インドネシア・日本のスコア比較

女性性が高い文化では連帯や協力を重視する傾向があり、また集団主義文化なので集団としての価値観や考え方が重視されます。このため、「一人では何もできませんが、力を合わせれば多くのことができます」という団結を促すメッセージが強調されているものと解釈することができます。

🇮🇳 孤独な男性はあの人?
インドのバレンタインデー施策

インド:「Valentine's Day #LonelyNoMore」

　続いて同じ東南アジア地域からインドの事例です。2020年2月、同国バーガーキングはバレンタインデーに合わせて「Lonely No More(もう寂しくない)」と題したキャンペーンを展開しました。

ドナルドそっくりなピエロが登場

　SNSに投稿された映像では、ドナルドそっくりなピエロが登場します。BGMでシューベルトの「セレナーデ」が物悲しく流れる中、様々な場所で一人座っている彼の姿が映し出されます。その姿に哀愁を感じずにはいられません。そして、画面に「孤独であることは最悪だ。特にバレンタインの日には」というテロップが表示されます。続いて、彼との自撮り写真をSNSにバーガーキングのタグづけをして投稿すると、バレンタインデー(2月14日)にワッパーが無料で提供されることが示されます。

インドは集団主義／個人主義の中間

ホフステードの6Dに照らすと、インドの集団主義／個人主義スコアはどちらとも言えない中間（IDV=48）に位置しますが、アジアの中では最も個人主義寄りの文化です。

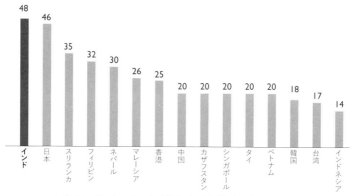

ホフステードの6D／アジア諸国の個人主義（IDV）スコア比較

個人主義の文化では、一人ひとりが自分の考えを明確に主張し、他者との差別化を表現する傾向があります。インドのバーガーキングのキャンペーン事例は、ドナルドそっくりなピエロを主役として登場させ、日本の表現よりもあからさまにマクドナルドを扱っていますが、これはインドが日本よりも個人主義スコアが高い表れと言えるかもしれません。

経済発展に伴い、インドは今後さらに個人主義的傾向が強まるものと予想されます。その中で、家族や親族・地域の友達などの伝統的なつながりが薄れていくことも想像されます。個人主義的な明確な広告表現と、集団主義的な人とのつながりの価値観の訴求。個人主義と集団主義の双方の要素に目を配ることが、インドのような個人主義と集団主義の中間にある文化においては重要なのかもしれません。

🔘 ARで競合の広告を燃やせ！ ブラジルの販促キャンペーン

ブラジル：「Burn That Ad」

　次に南米ブラジルの事例を見ていきましょう。2019年、同国バーガーキングは「Burn That Ad（あの広告を燃やせ）」と題したキャンペーンを展開しました。ユーザーがバーガーキングのモバイルアプリを起動し、画面を競合の広告にかざすと、ARで広告が燃えてなくなり、ワッパーの無料クーポンが現れるという仕掛けです。

キャンペーンで垣間見える集団主義文化

　ホフステードの6Dモデルに照らすと、ブラジルは集団主義（IVD=38）の文化です。クリエイティブの販促動画への落とし込みで、燃やす対象となる競合が特定されにくいようモザイクをかけている点は、集団主義文化の特徴のひとつである「暗黙のコミュニケーション」の傾向と考えられます。

　さらに、消費者にARを使って「競合広告を燃やす」行為を促すということになると、大人数の消費者による「競合広告を燃やす」集団行為がキャンペーン期間中繰り広げられることになります。こうした点にも集団主義的な背景が見て取れるのかもしれません。

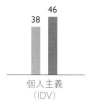

ホフステードの 6D ／
ブラジル・日本のスコア比較

　このキャンペーンは「リアルな炎上広告」として話題になり、結果40万もの無料クーポンが配布され（燃やされた広告の回数）、アプリ内の売上が54.6%増えたと報告されています。

■ どっちが一枚上手(うわて)？
マクドナルドと比較広告で攻防戦

フランス：「#McDriveKing」「#BetterToBeTheBurgerKing」

　前述の通り、比較広告は競争文化圏のような男性性の高い文化で多用され、対立を好まない女性性の高い文化では工夫が必要です。ここでは女性性の高いフランスで2016年に展開されたバーガーキングとマクドナルドの攻防戦を紹介します。

先に挑発したのはマクドナルド

　当時フランスにはマクドナルドのドライブスルー店が1000店以上あったのに対し、バーガーキングは20店にも満たなかったので、マクドナルドはこの圧倒的な店舗数を武器に「便利さ」を訴求する動画を展開しました。

　コンセプトは「道案内看板」（TBWA\Paris制作）。ストーリーは、フランス南部の田舎道沿いに大小2つの看板が建てられるシーンから始まります。縦長な巨大看板には、最も近いバーガーキングのドライブスルー店までの道順が「○○KM先を右折」「○○KM先を左折」と丁寧に記載されています。距離にしてなんと258km、車で5時間コースです。

　その隣の小さな看板には「マクドナルドのドライブスルー店まで5KM」とシンプルに書かれ、一目見てマクドナルドの方が近くて便利であることが

示されています。

バーガーキングが一枚上手なアンサー動画で反撃

　バーガーキングも黙っていませんでした。マクドナルドが制作した動画の後に新たなストーリーを追加したアンサー動画で反撃します。

　コンセプトは「誰がキングか」（Buzzman制作）。ストーリーはマクドナルドとバーガーキングの広告を見上げるカップルが、マクドナルドに向かうところから始まります。

　まるでマクドナルドの思惑通りのような始まりですが、マクドナルドに到着してカップルが注文したのは「Lサイズのコーヒー」のみ。マクドナルドに立ち寄ったのは、実はバーガーキングに向かう途中でコーヒーを買うためだけだった、という設定です。長距離運転を考慮してコーヒーをLサイズで注文するリアリティある演出も加えられています。

　その後、「ワッパーまでたったの258km。マクドナルドさん、至るところにいてくれてありがとう」とテロップが流れ、シーンはバーガーキング店内

へと移ります。カップルは疲れた様子もなくワッパーを食べながら対話しています。彼氏が「やっぱり美味い。それに、遠くなかったし」と言うと、彼女も「全くね（遠くなかったわ）」と答えストーリーが終わります。

「遠くても食べに行く価値があるのがワッパー」だと表現しているわけですが、258km運転した末の対話なのでシュールな笑いが残ります。

　ストーリーを総括すると、「マクドナルドが至るところにあるおかげで、バーガーキングまでのドライブが快適です。マクドナルドありがとう」と皮肉交じりに感謝する内容で、スマートな返しと言えます。競合マクドナルドの制作物の続編として仕立てた手法が、当時広告界隈で話題になりました。

ひねりある広告はフランスのお家芸

　ホフステードの6Dモデルに照らすと、フランスは個人主義（IVD=71）で、

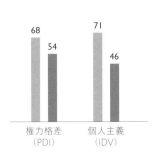

ホフステードの6D／フランス・日本のスコア比較

権力格差が高い（PDI=68）文化です。フランスは個人主義文化なので明確に
メッセージを表現します。同時に、その表現は皮肉やウィットに富んだもの
が多くなる傾向にあります。この背景には権力格差の高さがあると言われて
います。広告表現においても知的な水準が高いことが価値あることと考えら
れ、単純で、ひねりがなく、誰にでもわかるような表現は高く評価されませ
ん。価格の安さだけを訴求するような広告表現は「下品である」と捉えられ
る傾向があります。

　マクドナルドの広告は「マクドナルドの店舗の方が近いですよ」という単
純な訴求ですが、そうした競合の単純な訴求を逆手に取って、ひねりを入れ
た広告で逆襲するバーガーキングの広告は、権力格差が高く個人主義である
フランス文化を背景とした、ウィットに富んだレベルの高い広告と言えるの
かもしれません。

▤ 量が多くて値段も安い！
明快にお得感を訴求する比較広告

　続いてドイツで2000年代前半に制作されたCM事例をご紹介します。ドイツ語版と英語版があり、北米の雰囲気も感じられます。このCMでは、競合マクドナルドのマスコットであるドナルドが密かにバーガーキングに通い続けている様子とその理由が描かれています。

人目を忍んでバーガーキングに通うドナルド、その理由は？

　注文カウンターで並ぶドナルドはまだかまだかと落ち着かない様子で登場します。いざ注文する段階になると、カウンターの接客スタッフが「Baking as usual?（いつも通りでよろしいですか？）」とたずね、ドナルドは首を縦に振りうなずきます。商品を受け取り、去り際に接客スタッフが「See you tomorrow.（また明日）」と声をかけると、ドナルドは若干気まずそうな表情を浮かべ、コートの襟で顔を隠しながら足早にその場を立ち去ります。

　次に「25% MORE BEEF, 25% LESS PRICE」と大きなテロップと共に「（バーガーキングの）ビッグキングは、（マクドナルドの）ビックマックよりも25%肉量が多く、25%価格が安い」とナレーションが流れ、ドナルドが店外

で嬉しそうに袋から商品を取り出す瞬間が映し出されます。最後に「BIGGER. BETTER. BURGER KING.」とテロップ・ナレーションが流れます。

個人主義で男性性の高い文化での比較広告

　このCMは文化的な個人主義と男性性の高さを感じさせます。ホフステードの6Dモデルに照らすと、ドイツや北米（例：アメリカ）は個人主義で男性性の高い文化であることがわかります。個人主義スコア（IDV）はドイツ=67、アメリカ=91、男性性スコア（MAS）はドイツ=66、アメリカ=62です。

　ドイツやアメリカは日本やイギリスと同様に男性性が高いので、文化的に「勝ち負け」にこだわる傾向が強くなります。「バーガーキングのビッグキングの方が、マクドナルドのビッグマックよりも肉量が多くて価格が安い」と

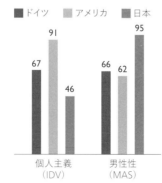

ホフステードの6D ／アメリカ・日本のスコア比較

いう比較広告にそれを見て取ることができます。

　同時に、個人主義寄りの文化なので、メッセージを明確に表現する傾向にあります。ドナルドがバーガーキングの常連客として描かれ、その理由がサイズ差と価格差（25%肉量が多く、25%価格が安い）にあることが明確に示されるストーリーは、わかりやすくお買い得感が訴求された、個人主義で男性性が高い文化のクリエイティブと言えます。

▬ コロナに挑む欧州バーガーキングの
▮▮ 面白クリエイティブ

ドイツ、イタリア：「Social Distancing Crown」「Social Distancing Whopper」

ソーシャルディスタンスを楽しさに変えるアイデア

　コロナ禍でもいかに広告宣伝・販促活動で結果を出すか、世界各地で創意工夫が見られますが、そうした中でもバーガーキングのクリエイティブはひときわ存在感を放っているように感じます。同社が2020年にドイツとイタリアで展開した「ソーシャルディスタンス」を逆手に取った販促事例を取り上げ、そこから垣間見える文化の違いを見ていきましょう。

　まずドイツで考案されたのが「Social Distancing Crown」です。同チェー

ンは日頃から子どもたちや希望者に紙製の王冠を配布していますが、その王冠を7つ組み合わせて（お客さんがDIYする前提）直径を1.5メートルに巨大化させ、被るだけで自然に他人との距離を保ちながら食事が楽しめる、という提案をSNSに投稿しました。

　遊び心あふれる施策ですが、王冠の直径を政府が定めた対人距離基準（1.5メートル）に合わせ、物理的にその距離を確保させている点がいかにもドイツらしく感じられます。この投稿は反響を呼び、ドイツにおけるバーガーキング史上最高のインプレッション数（150億）を叩き出しました。

　イタリアでは「Social Distancing Whopper」が発売されました（発売時期2020年5〜9月）。同チェーンの看板商品であるワッパーに通常の3倍の量の玉ねぎを入れ、強烈な口臭で周囲の人を遠ざけソーシャルディスタンスを保とうとするアイデア商品です。イタリア人は挨拶でハグや頬を重ねる習慣がありますし、「匂い」が身だしなみのひとつとなっているので、強烈な口臭は効き目があるのかもしれません。

　同施策は、コロナ対策が看板商品に反映された本気度が伝わるブランドアクションとも言えますが、その効果は大きく、2カ月で30億超のインプレッションと2千200万€（約32.6億円）のメディア露出を獲得しました。

ドイツとイタリアの施策から垣間見える文化の差

　人は誰しも、ある広告を見たときに、瞬間的に「いい！」「面白い！」と感じるときと、「よくわからない」と感じてスルーしてしまうときがあります。この理由は当然、人それぞれなのですが、広告を見て心が動かされるかどうかのひとつの理由に文化があります。

　ホフステード博士は、文化の中心には価値観があると言い、その価値観は強い感情と結びついていると指摘しました。広告表現が、その文化で重視されている価値観に見事に訴えかけた場合は「良い」と思われ、そうでない場合はスルーされるか、場合によっては「悪い」と思われます。今回、取り上げたバーガーキングのプロモーションからは、それぞれの文化的価値観の一

端が垣間見られます。

ドイツは規則性、イタリアはひねり　キャンペーンから見る文化的特徴

　ホフステードの6次元のスコアを基に、世界を7つの文化圏に分けたオランダの文化研究家ハブ・ヴルステン氏は、ドイツは油の効いた機械文化圏、イタリアは太陽系文化圏にそれぞれ属していると述べました。

　油の効いた機械文化圏は不確実性の回避が高い傾向にあるため、規則や基準を明確に作る傾向にあります。ドイツのプロモーションでは1.5メートルという明確な基準で王冠を作っており、油の効いた機械文化圏らしい表現だと感じます。日本も不確実性の回避は高い文化なので（UAI=92）、このプロモーションを支持する方は多いのではないでしょうか？

　一方で、イタリアが属する太陽系文化圏では、広告やプロモーションに「ひねり」が入り、一見するとその良さがわからないようなものが散見されます。何のブランドの広告なのか明示しなかったり、広告の意味が理解しにくかったりするものもあります。今回のイタリアの玉ねぎ3倍のワッパーは、本気で顧客の口臭を玉ねぎ臭くしたいわけではないのだろうと思います。ちょっとしたイタズラ心を訴求するプロモーションだろうと想像されますが、日本人の中にはそのセンスが全くわからないという人も多いかもしれません。

　私たちは日本文化の影響を受けているので、近い価値観の広告やプロモーションを良いと思う傾向にありますが、他の文化圏では異なる価値観のもとで異なる表現がなされています。各国の文化的価値に即した広告・プロモーションを考えることは、世界の文化の違いを知ることでもあり、非常に楽しい営みだと感じます。

🇺🇸 マクドナルドの顧客を奪え！型破りなデジタルプロモーション

アメリカ：「The Whopper Detour」

続いて、本国であるアメリカにおけるバーガーキングのプロモーション事例をご紹介します。「The Whopper Detour（ワッパーの回り道）」と名づけられたこのプロモーションは、マクドナルドの店舗の半径約180メートルに近づくと、その人のスマートフォンに入っているバーガーキングのアプリに、ワッパーを1セントで買える割引クーポンの通知が届くというもの。

マクドナルドの店の前に設置された看板では、その場でアプリのダウンロードも促しています。アプリを起動すると、最寄りのバーガーキング店舗へのナビが開始し、マクドナルドに入りそうになった顧客をその場でバーガーキングの顧客にしてしまうのです。

アプリのダウンロード数は9日間で150万件を超え、プロモーション期間のモバイル売上は3倍に、店舗への来店者数も過去4年で最高を記録したそうです。2019年のカンヌライオンズではダイレクト部門／モバイル部門／チタニウム部門のグランプリを獲得しています。

日本では敬遠されがちな比較広告も　競争文化圏では自然に受け入れられる

P136の比較広告の事例でも紹介しましたが、アメリカは個人主義（IDV=91）で、男性性が高い（MAS=62）文化スコアを示しています。また、メンタルイメージの中では競争文化圏に属します。

競争文化圏においては、その名前が示す通り、個人と個人、もしくは組織と組織が競争することは良いことであると考えられます。なぜなら、自由な競争環境の中で、競合同士は切磋琢磨し、力を発揮し、イノベーティブな何かを生み出していくと考えられるからです。

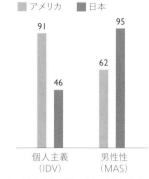

アメリカ　日本

| | 91 | | 95 |

個人主義
（IDV）
男性性
（MAS）

ホフステードの6D ／アメリカ・日本のスコア比較

　この基本的な価値観が、日本とは異なる点に注目いただきたいと思います。日本文化の価値観においては、広告やプロモーションにおいて競合への攻撃を明示的に行うことは良しとはされません。なぜなら、日本文化は個人主義ではない（IDV=46）ので、明示的な攻撃は調和を崩し、消費者の心をざわつかせることにつながりかねないからです。もちろん、日本文化は男性性が高い（MAS=95）ため、競合との競争は激しく行われます。しかし、それは「業界で一番になる」というような目標として表現され、商品の機能比較等を行う際にも、具体的な競合の製品との比較が明確に示されることは稀で、自然なものとは感じられない傾向が高くなります。

　一方、アメリカのような競争文化圏においては、話は真逆で、直接的で明示的な競合比較の方が好ましく、自然と感じられる傾向が高くなります。このプロモーションを紹介した動画の中でも、多くの消費者がこのプロモーションを「面白い」「型破りだ」「素晴らしい」と感じ、嬉々としてマクドナ

ルドの店舗前のバーガーキングのプロモーションスポットでクーポンをダウンロードしている様子が映し出されています。

　また、ニュース番組の中でプロモーションが紹介される際にも、ニュースキャスターは「バーガーキングが、あなたにマクドナルドに来てほしいって言ってますよ！」と、なんてクレージーなプロモーションだ！と言わんばかりの紹介の仕方をしています。

　この感覚、つまりシンプルで／わかりやすく／明確で／（フェアな）競争で／型破りなものを「面白い」と評価するのが競争文化圏の特徴であり、バーガーキングのこのプロモーションは、まさにこの文化圏の価値観をよく捉えたものとなっています。

　北米やイギリス、オーストラリアのような競争文化圏に向けた広告やプロモーションを作成するのであれば、それが当地のニュースで「面白い」と取り上げられるかどうかをひとつの判断基準とするのもいいかもしれません。

■ アラブ圏初のマクドナルドは 「スマイル０円」が逆効果になる世界

モロッコ：マクドナルド現地化の取り組み

カサブランカのマクドナルド　集客から宅配サービスに転換

　ブランドが国を超えて広がっていく様子は時として興味深いものがあります。例えば、グローバルブランドの代表格とも言えるマクドナルド。かつてアメリカの社会学者ジョージ・リッツァ氏は、マクドナルドに象徴される徹底した合理化が現代社会のあらゆる場所に浸透していることを「マクドナルド化」と言い、文化の画一化に警鐘を鳴らしました。しかし同社の強みが「現地化」の取り組みにあることは、世界中の店舗やご当地商品を見れば説明するまでもないでしょう。

　規格化されたブランドをどう現地に適合させるのか。各国のマクドナルドに行くと、その工夫を感じることができるので海外出張時は極力立ち寄るようにしています。以下はモロッコのカサブランカに2019年に出張した際に立ち寄った際の様子です。

マクドナルドがモロッコに進出したのはさかのぼること四半世紀以上も前の1992年。アラブ圏およびアフリカ大陸で初の出店でした。立ち寄ったお店は、北大西洋に面したオーシャンビューの大型テラス席や子ども向け本格遊戯施設（日本の郊外店でも見られるプレイランド）を備え、平日の昼間にもかかわらず富裕層の家族連れで賑わっていました。メニューに「アルジェリアンソースのマックラップ」など北アフリカで響きそうなネーミングのご当地商品が並び、店内外では「ハラル認証」の取得マークと宅配サービス（マックデリバリー）が大々的に訴求されていました。

ポテトのパッケージにもハラル認証取得マークがついている

　モロッコでは食事を家族で取ることを重んじる価値観が根強く残るため、都市型のファストフード業態は馴染まず、マクドナルドは長年「家族で過ごせる目的地」を目指した店づくりとマーケティングに尽力し、富裕層の獲得に成功しました。一方で一般家庭はそもそも外食の習慣があまりなく、西洋文化への抵抗感さえあります。また、保守的な社会ゆえに人目が気になり若いカップルは気軽に外食できない現状もあり、同社はこうした取りこぼしていた潜在顧客へもリーチするため、2019年から「宅配サービス」を始めました。

口コミ放置の大きな代償　「ハラル認証」の信憑性を説く

　順調な歩みに見えますが、ここまで紆余曲折があったそうです。イスラム

教を国教とするモロッコでは食材の「ハラル認証」が不可欠ですが、マクドナルドは食材の半分を輸入に頼るためか、2013年にFacebook上でハラル性を疑う口コミが書かれてしまいます。同社が3カ月間、回答せず放置したことで炎上が起こり、瞬く間に客離れを起こしたのです。

　モロッコでは優れた広告宣伝よりも「人づての情報」（口コミ）が信頼されているため、いまだ広がった疑いを払拭しきれず、店内では商品よりも「ハラル認証」の取得マークやその説明がこれでもかというくらいにアピールされていたのです。

ハラル認証を取得していることをオーダー端末上でもアピール
（右のモニター上でマクドナルドのロゴとハラル認証マークが並んでいる）

「スマイル0円」が逆効果になる文化

　日本のマクドナルドでは、接客サービスの向上の象徴として「スマイル0円」がアピールされてきました。「スマイル0円」はお客さまに対しては質の高いサービス訴求であり、従業員に対しては接客における笑顔の重要性認知のキャッチフレーズでした。

　笑顔はアメリカのマクドナルドでも重要視されている項目で、マクドナルドが海外展開をする過程ではマクドナルドスマイルの文化輸出が試みられました。しかし、この接客係のスマイルが有効に作用するかしないかは、実は

文化によって異なることが指摘されています。例えば、ロシアの経営学教授で異文化関係論の専門家セルゲイ・ミャソエドフ氏は、マクドナルドがロシアに進出した際に、ロシアの販売員に歯を見せるマクドナルドスマイルの訓練をしたものの、客は「なんで私を見てニヤニヤしているのか」と逆にショックを受けたと報告しています。

楽しさを訴求すべきか　真面目さを訴求すべきか

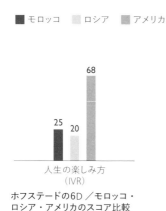

■モロッコ　□ロシア　▨アメリカ

68

25　20

人生の楽しみ方
(IVR)

ホフステードの6D／モロッコ・
ロシア・アメリカのスコア比較

　ブルガリアの異文化理解研究者ミッショ・ミンコフ氏は、人生を楽しみたいと思う基本的欲求がどの程度充足されるかは、文化によって異なることを示しました。ミンコフの研究を基につくられた「人生の楽しみ方」の軸で見ると、モロッコのスコアは25で、これはモロッコが抑制的な文化であることを示しています（アメリカは68で放縦的文化）。抑制的な文化では、道徳的規範が強く、真面目で厳格な振る舞いが信頼と専門性の証と考えられます。また、微笑みは疑わしいとも捉えられます。

　アメリカは放縦的な文化なので、道徳的規範を気にするよりも、微笑みとポジティブさを強調する方がマーケティングコミュニケーションとしては市場の文化に合っていますが、モロッコのような抑制的な文化では、疑いを持って捉えられる可能性があり、むしろ「ハラル認証」の厳格さなどをしっかりとアピールした方が、客の信頼につながると言えるのかもしれません。

🇫🇷 フランス人の本物志向に訴求
ひねりの効いた KFC の比較広告

フランス：KFC France「Unalike」

一見、何の変哲もない屋外ポスター？ KFC がコロナ禍で仕掛けた販促

　コロナ禍では市場の変化を捉え、工夫を凝らした広告宣伝も目にするようになりました。フランスのケンタッキーフライドチキン（KFC）が2020年に展開した「チキンテンダー（骨なしチキン）」のキャンペーンもその一例と言えます。コンセプトは「Unalike（似ていない）」。狙いは、"競合他社"のナゲットと比較してチキンテンダーの強みを視覚化して伝えることです。ポスターにはチキンテンダーの写真と共に「同じテンダーは2つとない。私たちは本物の鶏胸肉を調理しているのだから」というヘッドラインが示されています。

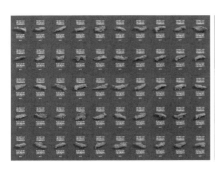

　一見何の変哲もないポスターに見えますが、実はチキンテンダー200個以上の写真がポスター1枚ずつに割り当てられ、ポスター複数枚を並べて配置すると、形状、サイズの多様性が強調され「食材の個体性＝素材の本物感」が直感的に伝わるという設計です。また、これらの屋外ポスターをコマ送りにしたアニメーションGIFを使い、同じチキンテンダーを探し当てることに挑戦してもらうオンラインキャンペーンも行われ、リアルとデジタルの連動も図られました。マクドナルドとの「チキン戦争」は今に始まったことでは

ないですが、KFCはなぜこのタイミングで仕掛けたのでしょうか？

普及するフードデリバリー　市場の変化を捉え先手を打つ

その狙いはコロナ禍で成長するデリバリー市場への攻めの一手に見えます。米McKinsey & Companyの調べによると、フードデリバリーの大手プラットフォームDeliverooにおける金曜日と土曜日の夜の注文数は、コロナによるロックダウン前と比較して欧州全体で36％、フランスでは16％以上増加したと報告されています（2020年5月と翌年2月の比較）。

フランスの伸び率が欧州全体に対して低いのは、元々Deliverooの普及率が欧州一高かったためで、肌感ではパリ市内は以前にも増してデリバリーバッグを背負ったバイクや自転車を見かけるようになり、数字以上に増えているように感じます。デリバリー市場の成長は、早い時期から参入していたファストフード各社（KFC、マクドナルド他）にとって、一見すると追い風に見えます。しかし、コロナショックで比較的ハイエンドなレストランまでもが参入しはじめ、消費者の健康意識も高まる中、競争は厳しさを増すことが予想されました。そこで、KFCは競争環境が付加価値競争へとシフトすることを見越して、既存の競合マクドナルドに差別化で攻勢をかけつつ、新規参入組に対する防御策を講じたと解釈することができるでしょう。

見る側に知的な推測力を求める　太陽系文化圏ならではの比較広告

　広告は、その国の消費者の価値観を前提としてクリエイティブが作られるため、同一ブランドの多国間広告比較をすると、各国の消費者の違いが透けて見えることがあります。日本の最近のKFCのCMでは、「今日ケンタッキーにしない？」というメッセージと共に、高畑充希さんなどを起用しながら商品の美味しさを訴求する形式となっています。

　世界の7つのメンタルイメージ（文化圏）の中で、フランスは太陽系文化圏に属します。この太陽系文化圏における広告は、見る側に知的な推測力を求める形式になることが多いと言われています。

　今回のフランスのチキンテンダーの広告は、コンセプトも「Unalike」で、明らかに競合と比較した上での優位性を伝えることを目的にしています。しかし、広告にはどこと比較して優位なのかは書いてありませんし、そもそも1枚の広告には何の変哲もないチキンの写真が1枚載せてあるだけなので、説得力もありません。この広告は複数の広告を見て初めてメッセージの説得力が生まれるようにできています。その仕掛けに気づいた消費者は興味を持ってKFCのメッセージが言わんとすることに注意を向け、他のファストフードブランドと比べてのKFCの商品優位性に納得する構造になっています。

　アメリカやイギリスでCMを作るとしたら、このような知的な推測を求めるよりも、より直接的な競合比較を前面に出してくるかもしれません。例えば、同じような形に成型されたチキンナゲットと、成型されないKFCのチキンを並べて、どちらを美味しいと人が思うかの証言を取ってそのまま伝えるなどの形式があるかもしれません。

　アメリカやイギリスは競争文化圏に属し、直接的な競合比較広告は一般的ですが、太陽系文化圏であるフランスでは、このような直接的な競合比較は、「品がない」と逆に評価を落とすきっかけになる可能性があります。そのため、今回のような、ひねりを入れた広告表現となっていると推察されます。

第 **4** 章
地域に根差す
小売店の
コミュニケーション

続いて、特定地域としてフランスを取り上げ、
同国に根差した小売店のコミュニケーションを
6D を用いて解釈していきます。
パリ 3 区の人気セレクトショップ Merci（メルシー）や
近年注目を集めるパリ 18 区の紳士服店 SAPE & CO など、
その人気の秘密に迫ります。

■■ サステナブルに生まれ変わる
パリのエシカルなセレクトショップ

フランス：セレクトショップ「Merci」

パリで始まった小さな消費革命

　フランスといえば、日本では高級ブランド品やワインのイメージがありますが、「伝統を守りながら、最先端の流行を創造・発信し続けている」という意味ではビジネス上のヒントがたくさん隠れているように思います。

　数年前から「エシカル消費」（倫理的消費）がマーケティングのトピックスとして注目されつつあります。モノを買うときに「社会や環境のためになるか、ならないか」を基準に判断する消費の概念です。

　この「エシカル消費」が、パリの感度の高い人々の間で広がりつつあります。こうした流れに一役買ったのが2009年にオープンした人気のセレクトショップ「Merci（メルシー）」です。Merciとはフランス語で「ありがとう」の意。店内にはファッション、小物、インテリアなど様々なジャンルの厳選された商品がセンス良く並び、古書に囲まれた居心地の良いカフェも併設されています。特筆すべきは、商品購入代金の一部が必ず寄付に回り、消費者やステークホルダーを巻き込んで社会貢献活動をしている点です。

　創設者はかつてのビジネスでの成功を社会に還元できないかを考え、単純な寄付ではなく、持続的に社会貢献できる仕組みとしてMerciを立ち上げました。Merciという店名には社会全体に対する感謝の意味が込められているのです。商談で同店を初めて訪問した際、コンセプトを司るダニエル・ローゼンストロック氏（アートディレクター）が「寄付行為よりも大切なことは、人々が生き方・暮らしを変えることなんだよ」と優しい語り口で話していたのが今でも印象に残っています。

コンセプトには一流ブランド（サン・ローラン、ステラ・マッカートニー他）も賛同し、同店向けに特別モデルを割安で提供するなど、「Merci＝ありがとう」の輪は目に見える形で波及しています。ともすると禁欲的なイメージもあるエシカルの概念を上質で洗練されたライフスタイルとして打ち出した点はMerciの巧みさと言えるでしょう。

「Merci」の店内

アートディレクターのダニエル・ローゼンストロック氏

ファッションも脱・商業主義　外見より内面の美しさ重視へ

　なぜMerciが支持されるのか？　その理由を紐解いていく中で、フランス特有のトレンドも見えてきました。

例えば、フランスのファッション業界ではずいぶん前から業界の商業主義的なあり方が問い直されるようになり、2004年から「エシカルファッションショー」という展示会が開催されています。つまり、フランスではファッションを「外見の美しさ」から、生産者や消費者の「内面の美しさ」へと拡張してきた経緯があり、Merciが支持される土壌はできつつあったのかもしれません。

エシカル消費の背景に「女性性」の強い国民文化

　Merciに代表されるエシカル消費の流れには、フランスの国民文化も大きく影響しているように思います。ホフステードの6Dでフランスと日本の文化スコアを比較すると、両国の最大の差は女性性／男性性の軸にあります。日本は男性性の高い文化（MAS=95）で、フランスは女性性の高い文化（MAS=43）であることがわかります。

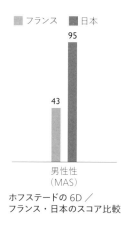

ホフステードの 6D ／
フランス・日本のスコア比較

　男性性の高い文化では、勝つことに価値が置かれます（日本だと「勝ち組」とよく言います）。一方、女性性の高い文化では、勝つことよりも、勝負に負けたり、様々な要因で弱者となっている人への同情やケアを重視する傾向が強くなります。

　文化の観点から見ると、Merciの「ビジネスでの成功を社会に還元できないだろうか？」という思想には、フランス文化の女性性の高さが表れているように見えます。世界的に、男性性から女性性へと文化の傾向が変化しつつあると言われる昨今、男性性の強い日本文化に住む我々にとっても、Merciの事例は今後の世界の流れを読む上で参考になるのではないでしょうか。

▮▮ ドイツのディスカウントスーパー Aldi、
▬ フランスの先入観に切り込む

フランス：ディスカウントスーパー「Aldi France」

▍欧州を席巻もフランスでは苦戦

　欧州の食品スーパー業界で売上2位（2021年）を誇るドイツ発のディスカウントスーパー Aldi（アルディ）をご存じでしょうか。販売する商品の9割以上をPB品で揃え、店頭装飾や広告宣伝も最小限に抑えるなど徹底したローコストオペレーションで低価格・高品質を実現しているハードディスカウンターです。日本では馴染みがないですが、同社グループは世界19カ国で1万店以上を展開し、アメリカでは小売業界最大手で「Every Day Low Price（毎日低価格）」を理念に掲げるWalmartが警戒するほど存在感を高めています。

　欧州を席巻するAldiですが、フランスでは売上9位、シェア2.3%（2019年実績、英Kantar Worldpanel）と伸び悩んでいました。この背景にはフランスの小売が歴史的に強いということがありますが、安値訴求だけではなびかない市場特性（Aldiの品質訴求が不十分）もあります。こうした事情を踏まえ、同社が2020年末に展開したフランスの消費者心理を突いたCMをご紹介します。

▍安値訴求になびかない　フランスの消費者心理を突いた CM

　Aldiが展開したCMのコンセプトは「本当のクリスマスサプライズ」。価格が異なる3種類のフォアグラ（€13.99、€20.99、€28.79）を消費者にブラインドテストで食べ比べてもらった様子が映像化されています。テストに参加した人には試食前にそれぞれの価格が伝えられました。

　まず、最安のフォアグラ（€13.99）を「食感が悪くない」「味も良い」と評価し、続いて中間価格のフォアグラ（€20.99）には「より栄養価が高く本格的だ」ともっともらしい感想を述べます。そして、最後に試食した高額な

フォアグラ（€28.79＝最初の値段の約2倍）については「値段が高いだけあってこちらの方が美味しい」と高く評価しました。つまり、値段と評価が比例する結果でした（10名中7名が同様の回答傾向）。

　ところが、実は試食した3種はどれもが同じ最安のフォアグラ（€13.99）でAldiの取扱商品でした。この事実が明かされると、参加者は苦笑いしながら「自分の味覚を信じてたんだけど」と述べ、最後に「品質は価格の問題ではありません」とテロップが流れます。実際に品質が優れていることと、品質の良さが知覚されることは同義ではないことを具体的に示し、同社の商品には「価格の2倍の価値がある」と訴求したわけです。

©Aldi France

　商品の価格が「松竹梅」で用意されている場合、消費者は安すぎず高すぎない中間価格＝竹を選択するとされる法則を「ゴルディロックスの原理」と言いますが、低所得者層だけでなく中間層をも狙うAldiは、フランスの消費者がAldiそのものを安価な選択と位置づけていると想定。消費者の先入観を打ち破るために実証的アプローチを考えたのです。

「初めて試す」と「継続使用」 2段階に分かれる不確実性回避の壁

　ホフステードの6Dに基づくと、ドイツとフランスは共通して不確実性の回避のスコアが高いことがわかります（UAI＝ドイツ65、フランス86）。不確実性の回避が高い場合、消費者は新規性の高いものに対して不安や疑いを感じる傾向が強くなります。そのため、こうした市場においては、この不確実性回避の壁をどのように乗り越えるのかを十分に検討する必要が出てきます。最近のマーケティング研究においては、この不確実性回避の壁は2つの段階

に分かれていると議論されています。「初めて試す」段階での壁と、「継続して使用する」段階での壁です。

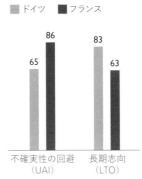

■ドイツ　■フランス

ホフステードの 6D ／ドイツ・フランスのスコア比較

　不確実性の回避が高い国は世界に多くありますが（日本も92と高く、不確実性の回避の高い国です）、そもそも「初めて試す」段階で消費者の抵抗がある場合と、試してはくれるのだが「継続して使用する」段階で抵抗がある場合、また、双方の段階で抵抗がある場合があります。フランスの場合、不確実性の回避の高さと共に、長期志向でもある（LTO=63）ので、新規の海外ブランドにとっては「初めて試す」段階だけでなく「継続して使用する」の壁も長期にわたって越え続ける必要があるのかもしれません。

　この場合、消費者にまず一度使ってもらったからといって油断をせず、ブランドが本当に優れているという「証拠」を提示し続けることが、不確実性の回避の高い壁を越えるために必要になります。価格の安さは「初めて試す」購買を誘発するために有効です。さらに品質も優れていると消費者の証言で示すことで、「継続的な購買」の後押しとなるかもしれません。Aldiのフォアグラにおけるブラインドテストはそのひとつの試みと言えるでしょう。

　今回のCMは他の食材バージョン（パン、スモークサーモン）の展開や、CM内で調査が専門機関（Ipsos France）によって実施されたことが明示され、また、その調査データがWebサイト上で公開されるなど、信頼性を高める配慮が随所に見られ、クリエイティブの有効性を高める工夫がなされています。

🇫🇷「メイド・イン・フランス」を活かした
ストーリーテリング

フランス：下着メーカー・専門店「Le Slip Français」

新興パンツブランドが"バズった"きっかけは大統領選

「世界を変えたいなら、まずパンツから変えよう」という風変わりなスローガンを掲げる「Le Slip Français（フランスのパンツ）」というブランドをご存じでしょうか。トリコロール（フランス国旗の青・白・赤）をモチーフに、デザインから生産までの全てを「メイド・イン・フランス」にこだわった下着ブランドです。そんな愛国心あふれるコンセプトと尖ったマーケティング戦略で、2011年の設立からわずか数年で急成長を遂げました（2021年売上高2100万€）。

フランス人の心情を捉えて急成長する「Le Slip Français」

　注目を集めるきっかけとなったのは、2012年春の大統領選です。オランド前大統領が選挙ポスターで掲げたスローガン「今こそ変革を」をもじり、「今こそパンツを変えよ」と自社の宣伝をしたところ、当時の不況ムードに笑いをもたらし、Facebook上で瞬く間に拡散したのです。

時流に乗った同社は、香料入りマイクロカプセルを繊維に埋め込んだ「良い香りがするパンツ」の開発や、ビッグブランドとのコラボレーションなどでブランドの存在感を高めていき、1枚29 〜 35€（4千円以上）もするパンツが今や飛ぶように売れているそうです。

1枚 4000 円を超える高級パンツがヒットしている

風変わりなスローガンが意味するもの

「メイド・イン・フランス」は、どのような期待に応えているのでしょうか。フランス人にたずねると「高品質の証」と言い、その範囲は革小物、食器、食材から自動車まで多岐に及びますが、日本製に抱く高品質のイメージとはニュアンスが異なり、愛国心やプライドも見え隠れします。例えば、フランス北部に工場を構えるトヨタ自動車が、現地生産する「ヤリス（日本名：ヴィッツ）」を「メイド・イン・フランス」と謳ったら販売が伸びた、というわかりやすい事例もあります。

「Le Slip Français」の場合、品質面以上にブランドの根幹をなす「ストーリー」が支持されています。同社の下着生地には伝統的技法で育てられた地元の綿花が使用され、縫製からパッケージにいたる全てが国内の老舗工場や職人の手によって作られており、同社の下着を消費することは「伝統産業の保護」、ひいては「フランス経済の復興」につながる、というストーリーです。つまり冒頭でご紹介した、一見ふざけたスローガン（世界を変えたいなら、

まずパンツから変えよう）はこのブランドストーリーを表現しているのです。

　コミュニケーションにちりばめられたユーモアにも好感が持てます。例えば、同社のWebやSNSではモデルたちのスタイリッシュな写真が並ぶ中に、思わず笑ってしまうようなシーン（太った中年男性のパンツ姿等）が登場することがあります。格好をつけすぎず、品位とユーモアを行ったり来たりすることでブランドイメージを上手にコントロールしているようにも見えます。

「メイド・イン・フランス」から読み解く３つの価値訴求

　「メイド・イン・フランス」のように生産国（Country of origin）を訴求することは昔からブランディングでよく行われてきました。生産国（や地域）を訴求することによって、その土地の持つイメージをブランドに付加しようという試みです。と同時に、文化的な観点からは、今回の「Le Slip Français」

の「メイド・イン・フランス」訴求は少なくとも3つの違った意味の価値訴求になり得ることが読み解けます。

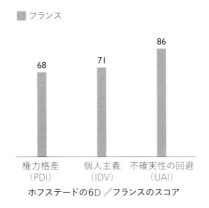

ホフステードの6D／フランスのスコア

　1つ目が「権威づけ」訴求です。ホフステードの6Dによれば、フランスは権力格差の高い文化です（PDI=68）。受け手は自国の権威の高さそのものに価値を認めていることが多く、よってフランスという国の権威の高さを訴求しつつ、同時にその商品がフランス製であることを訴求することで、受け手は価値を感じやすくなります。

　2つ目が「個性の発揮」訴求です。フランスは個人主義文化でもあります（IDV=71）。高価格帯ということもあり、「メイド・イン・フランス」のパンツをはくことは人とは違う自分というポジショニングにつながり得ます。それは個人主義文化の受け手にとっては価値が高くなる傾向にあります。

　3つ目は「変わらないもの」の価値訴求です。フランスは不確実性回避の高い文化でもあります（UAI=86）。不確実性の回避が高い文化では、伝統を尊重する／守るということ自体が価値として認識されやすくなります。ブランドストーリーの中で伝統的技法や栽培について触れることは、不確実性の回避が高い文化の受け手が元来持つ価値観に近く、価値を感じやすくなると考えられます。

■■ パリに新たな流行発信基地 キュレーションのスペクタクル

「Colette」 の閉店　トレンドの終わりと始まり

かつてパリにあった伝説的なコンセプトストア「Colette（コレット）」をご存じでしょうか。1997年のオープン以来、20年にわたりパリのファッションシーンを牽引し、その優れた編集力で世界中の感度の高い人たちから支持を得てきたお店でした。その存在感ゆえに、2017年末の閉店は一大ニュースとなり、パリのみならず世界のファッションシーンを駆け巡りました。

Coletteが残した功績は多岐にわたりますが、中でも無名クリエイター（ストリート）とハイブランド（ラグジュアリー）の商品を分け隔てなくセレクト・融合させる独自のキュレーションは、シーンと人々のライフスタイルに多様性をもたらしたように思います。著者もインスタントカメラのコラボレーションモデルの開発などの仕事でずいぶんお世話になったので、当時ひとつの時代の終焉を迎えたような感覚を覚えました。

まだColette閉店の喪失感が漂っていた2018年初頭、シャネル本店などが並ぶカンボン通り48番地（元Colette所在地から徒歩圏内）に行列ができていました。Coletteのハイテク機器・時計部門の責任者であったセバスチャン・シャペル（Sébastien Chapelle）氏が元スタッフらと新たなコンセプトストア「nous（ヌー＝私たち）」をオープンさせたのです。

「コンセプト」 からの解放とクリエイティビティ

店名は、自分たちを取り巻くコミュニティを大切にしたいというモットーから「私たち」と名付けられています。取り扱いアイテムは、ハイテク機器、時計、書籍、ストリートウェア、スニーカーなどColetteを彷彿とさせます

が、より都会的でストリートカルチャー色を強めた印象です。

「元Coletteスタッフによる新店」という話題性からメディアが殺到しましたが、相手が『ニューヨーク・タイムズ』のような大手メディアだとしても（店名と取り扱い製品以外の）店舗の具体的な「コンセプト」については言及されていません。彼は型にはまることなく、その時々の自分たち（=nous）のありようが自由でクリエイティビティあふれたものとなるよう、コンセプトというものの呪縛を解いたのかもしれません。

nous をオープンした、セバスチャン・シャペル氏

コンセプトストアの魅力は、モノ同士のコンステレーション

nousでも卓越したキュレーションは健在で、つい長居をしてしまいます。店頭に並ぶエクスクルーシブな限定モノは当然見応えがありますが、通常の市販品も魅力的に映ります。専門店で見ても目に留まらなかったり、普段気に留めない商品がコンセプトストアで映えるのはなぜでしょうか。

ホフステード博士は文化の表出は「たまねぎ型モデル」として表現できる、と述べました。このモデルが意味することは、我々はある国の文化を「シンボル」「ヒーロー」「儀式」という3つの慣行を通じて目にしますが、その中心には価値観があり、その価値観自体は可視化できないということです。

「たまねぎ型モデル」：文化の表出のレベル

　異文化理解の肝は異なる価値観を理解することですが、その価値観は直接観察できません。このことが異文化理解の難しさの根底にあるわけですが、それでも私たちは何とかして異なる文化を理解しようと努力します。

　その際、最初に目にするのが、最も外側にある「シンボル」です。シンボルとは「同じ文化を共有している人々だけが理解できる特別な意味を持つ言葉、しぐさ、絵柄、あるいは物」を指しますが、nousにおけるシンボルはモノそのものというより、キュレーションという「モノ同士のコンステレーション（布置）」にあると言えます。

　我々が視覚を通じて見ているのは限定モデルや通常の市販品のモノですが、情報として受け取っているのはそれらのモノ同士のコンステレーションから浮かび上がる価値観です。

　他国の価値観を理解することは容易ではないのですが、nousのような価値があると評価されている場でどのような価値観を見てとることができるか。それらを考えることが異文化理解やビジネスの大きな手がかりとなります。現在nousは閉店し、セバスチャン・シャペル氏はLegacy Concept Storeを経営中ですが、パリにおいての際はぜひこうしたコンセプトストアに足を運んでみてはいかがでしょうか。

◪ アフリカ・コンゴ代弁者の
◪ 華麗なるソーシャル・マーケティング

フランス、コンゴ：紳士服店「SAPE & CO」

▌ パリの移民街「リトルアフリカ」に現れる "紳士" たち

　フランスは移民受け入れ国として長い歴史があり、「人種のるつぼ」と言われますが、その一方で、移民と非移民（フランス人）の間には歴然とした経済的・社会的格差があります。例えば、パリでは移民の居住地が分離されており、その多くが北西部（18〜20区）に位置します。同地区にパリの貧困層の4割が集中すると言われ、治安も決して良くありません。ピカソやモディリアーニなど多くの芸術家の活動拠点として知られるモンマルトルも18区にありますが、その南東にはアフリカ人街・アラブ人街が広がっており、一歩踏み込むとパリであることを忘れてしまうほど雰囲気が違います。

　このアフリカ人街でパリジャンから注目を集めているのが、色鮮やかなスーツに身を包んだ紳士たちが出入りする「SAPE & CO」という紳士服店です。ここに集う人々は「サプール（Sapeur）」と呼ばれ、コンゴでは「ファッションで平和を説く人々」を指します。

　貧困と内戦に苦しむコンゴで、所得の大半をブランドスーツに注ぎ込み、エレガントな着こなしと振舞いを追求する彼らの姿勢（ファッション・思想）は近年メディアの注目を集めており、その存在をご存じの方も多いのではないでしょうか。

　では、そのサプールがなぜパリにいるのでしょう？サプールのルーツは諸説ありますが、コンゴを植民地支配していたフランスが深く関わっていると言われています。有力なのは社会活動家のアンドレ・マツワ氏がパリで黒人差別反対の運動を展開し強制送還された際、パリ紳士の装いをしていたことがコンゴ人たちの賞賛を浴び、平和信仰が「ファッション」で表現されるよ

うになったという説です。

　このため、サプールにとってパリは聖地とも言える場所であり、実際にコンゴのサプールはパリまで買物に来るそうです。同店の客層は、2005年のオープン時は主にコンゴ本国のサプールや同国からの移民でしたが、今では多くのパリジャンからも支持され、フレンチファッションの逆輸入とも言える状況が起きています。

　同店の代表で、自身もコンゴ出身のル・バシェラー氏に「パリで活動する理由」を聞いてみました。「サプールの活動により、コンゴ国民の価値観は確実に非戦・非暴力に向かっているが、身銭を切るサプールは経済的恩恵を受けていない」と指摘。「パリに店を構え、サプール文化を正しく世界に発信することでコミュニティにビジネス機会をもたらしたい」と考えたそうです。また、コンゴ国内の経済循環を高めるため、サプールがローカルブランドを購入・着用できるよう、いつかコンゴにも出店したいと夢を語ります。

SAPE & CO 代表のル・バシェラー氏、お店の前にて

SAPE & CO の店内

　一連の取り組みをマーケティングの観点から見ると、サプールというコミュニティが主体となって「平和」というキャンペーンを華麗に推進する、ソーシャル・マーケティングの事例と捉えることもできるでしょう。

文化によって意味づけが異なるサプールのファッション

　サプールの色鮮やかなファッションの根底にあるのが「平和信仰の表現だ」と言われると、私たち日本人の中には「本当かな？」と感じる人もいるかもしれません。日本人の中には、お洒落をすることは、自分をよりよく見せる手段という感覚を持つ人も多いので、「平和信仰の表現」と聞いても、ちょっと腑に落ちないのではないでしょうか。

　この日本人とコンゴ人、フランス人の感覚の差をホフステードの6Dに照らして見ていきましょう。以下は集団主義／個人主義と女性性／男性性の2つの軸で日本・フランス・コンゴの位置を表したものです。日本は極めて男性性が強い文化（MAS=95）なのに対して、フランスは女性性が強い文化（MAS=43）です。コンゴは調査数値がないのですが、同じ中部アフリカの隣国アンゴラのMASスコアが20で、仮にこれに近いとすると女性性文化になります。

　男性性文化は対立を好みますが、女性性文化は協調を好みます。よって、

そもそもフランスやコンゴで「平和」を打ち出すことは日本よりも価値を感じてもらいやすくなります。

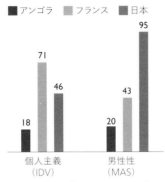

■アンゴラ ■フランス ■日本

ホフステードの6D／アンゴラ・フランス・日本のスコア比較
（コンゴは調査スコアがないため、国連分類における同じ中部アフリカの隣国
アンゴラの数値より推測）

　フランスは個人主義文化（IDV=71）なので、サプールの恰好をすることは「個性の表現」になります。一方、集団主義が推定されるコンゴではサプールの恰好をすることは、「サプール集団への所属の証」という意味であろうと推察されます。「コミュニティにビジネス機会をもたらしたい」というコメントの背景には、こうしたフランス・コンゴの文化の差があるものと推察されます。

■ スーパーマーケットで「恋活」!?
■ コロナ禍のドイツとフランスでの試み

ドイツ、フランス：スーパーマーケット「Edeka」「E.Leclerc」のバスケット・デーティング企画

■ コロナ禍でも営業中のスーパー、場を利用したプロモーション

　コロナ禍によって、"恋活"の環境は大きく変わりました。恋人・パートナーがほしいけれど、出会いがない。そう嘆くだけの人もいれば、マッチングアプリを使って積極的に出会いの可能性を広げていた人もいることでしょう。条件で相手を絞り込むマッチングアプリは出会い方として合理的ですが、オンラインに対する抵抗感、あるいはリアルの場で出会う偶然性を楽しみたいというニーズも根強いように思われます。

　2021年初頭、欧州ではロックダウンの延長や外出制限措置が敷かれ、カフェやレストランが閉鎖され、社交の場が限られていました。そうした中、ドイツとフランスで大手スーパーマーケットがバレンタイン時期に集客を兼ねて「リアルな出会いの場」を提供するプロモーションを実施しました。両国共に生活必需品を扱うスーパーの営業は認められているため、いずれのケースも店舗を出会いの場として提供する企画で、日本との文化の違いが垣間見えます。

■ バレンタインの恋活を大手スーパーがお手伝い

　ドイツのスーパー Edekaが展開したのは「独身者向けショッピングサービス」です。独身者に対して毎週金曜日の午後6〜8時に来店するよう促し、利用者たちは入店時に渡されるハート型の番号バッジを胸に付けて買物をします。買物中に気になる相手がいたら、お店から、あらかじめ渡された用紙に相手の番号、自分の連絡先、そして一言メッセージを記入し、お店が仲介する形で相手に情報が届けられます。

お互いが承諾すれば店内の一角で面会できますし、人目が気になる人は後日個別に連絡を取り合うことも可能です。実はこのサービス、2019年から始まり細々と続いていたものだったのですが、コロナ禍で脚光を浴び利用者が増えているそうです。

　フランスのスーパー E.Leclerc（Thionville店）が展開したのは「E.Leclercでソウルメイトを見つけよう」というバレンタイン企画です（2021年2月）。来店した恋人・パートナーを探している人たちに専用の買物カゴ（シングルバスケット）を選択してもらい、店内でそれを目印に興味を持った人同士に会話を始めるきっかけを提供しました。

フランスのスーパー E.Leclerc の SNS 投稿
©E.Leclerc Thionville

　自ら相手に話しかけなければならないので、日本人の感覚からするとハードルが高い気がしますが、利用者の反応は「派手な買物カゴは少々恥ずかし

いが、素晴らしい企画だ」など概ねポジティブで、SNS上で瞬く間に拡散しました。こうした動きは他の欧米諸国でも見られ、英語圏では「バスケット・デーティング」と呼ばれています。

ロックダウン下でも見られる個人主義的な行動

恋人選びやパートナーとの出会いがいくら大事とは言え、日本人的な感覚でいえば、ロックダウン中に対面での接触を増やすような行動を取っていいのか？と思われるかもしれません。何を「正しい」と感じるか、何を「間違っている」と感じるかの背景には価値観がありますが、この価値観には国によって異なる文化の影響を色濃く見て取ることができます。

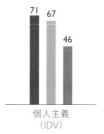

ホフステードの 6D ／フランス・ドイツ・日本のスコア比較

ホフステードの6Dでは、西ヨーロッパの各国と日本との最も大きな違いは集団主義／個人主義の軸において見られます。西欧はおしなべてIDVのスコアが高く、フランスは71で、ドイツは67です。これは両国が個人主義文化であることを示しています。対して、日本のIDVのスコアは46で、これは日本が若干集団主義の方向に寄っていて、個人主義文化とは言えない立ち位置であることを示しています。

同調圧力が働きやすい日本との文化の違い

個人主義の文化では、個人一人ひとりの異なるニーズが尊重されます。そのため、いくらロックダウン下とはいえ、あるライフステージにおいて、個人が恋人・パートナー選びをしたいと思うのは当然のことであると考えられます。そして、明確に決められた規則を逸脱しないのであれば、出会いを促進すること自体が白い目で見られるということにはなりにくい環境です。

日本の場合は、個人主義文化ではないため、同調圧力が働きやすく、この

手の個人主義的なプロモーションをコロナ禍で行うと、「みんなが家でおとなしくしているのだから、恋人・パートナー選びで新しい出会いを求めるのは今でなくてもいいのではないか？」という批判を招いてしまうかもしれません。一方で、フランス・ドイツの場合は、こうしたプロモーションが現実に行われています。

　このケースは、プロモーション計画を検討する際にも、文化的な要因で規定される「何が良くて何が悪いのか」という点に注意を払う必要があることを示しているでしょう。

第 **5** 章

サービス・プロダクトに
見られる文化差

サービスやプロダクトは、グローバリゼーションにより
文化の影響が少ないものが主流になりつつあります。
一方、その受け入れられ方、利用のされ方は
文化的文脈で変わってきます。
本章では「利用・消費」に着目して事例を読み解いていきます。

■■ 隙間時間で文学復興（ルネサンス） 「物語の自動販売機」

フランス：Short Edition「物語の自動販売機」

駅に出現した風変わりな装置

　パリの地下鉄（メトロ）駅構内で不思議な光景を目にすることがあります。昔のSF映画に出てくるロケットのような形をした装置から「長いレシート」を出しては立ち去る人々の姿です。

　この装置は「物語の自動販売機」と呼ばれるもので、電車の待ち時間などの隙間時間に気軽に読める「短編物語」（小説や詩などの文学全般）が厚手のレ

厚手のレシート紙に印刷された短編物語

シート紙に無料で印刷され出てきます。選択できるメニューは「尺」(1分、3分、5分)のみ。例えば「1分」を選択すると、1分位で読み切れる短編が印刷されるという仕組みです。スマホ時代にあって、一見時代遅れに見える状景ですが、違和感を抱くどころかお洒落に映るのはパリだからでしょうか。

文学のエコシステム

同サービスはフランス南東部グルノーブルの出版社「Short Edition」が「人々の活字離れ」を危惧して2016年に始めたもので、印刷される短編作品は同社が運営する「短編のオンラインコミュニティ」に投稿された作品から選出されています。投稿数は開始2年で8万5000編に及び、コミュニティ内で評価されると「物語の自動販売機」だけでなく、ポッドキャストによる配信や出版の機会が得られます。「物語の自動販売機」は待ち時間が発生する公共機関にとってメリットがあるだけでなく、収益の一部は作家へ配当されるので、まさに文学のエコシステムと言えます。

なぜ、スマホアプリやWebではなくて「紙」の「自動販売機」なのか?考案者の一人であるクリストフ・シビュード氏(CEO)によれば「オンラインから始めたサービスなので、スマホが悪いとは言わないが、紙に印刷されれば情報の渦から遮断され、読書の質はおのずと高まる。読み終えた後に誰かにあげることもでき、物理的な広がりもある」として印刷物の絶対的な役割に触れ、「自動販売機は短編作品や作家の存在を可視化させる手段として極めて有効」と、テクノロジーだけでは活字離れに歯止めがかけられない現実に対する突破口になると自信をうかがわせます。

「物語の自動販売機」は2年で約150台が設置され、その設置場所は大半が公共交通機関やショッピングモールでしたが、その後は高校や大学にも導入されています。「物語」を「自動販売機」で扱うという着想は確かに面白いですが、導入先にとって経済合理性に見合ったものなのか、設置先の「導入理由」についても聞いてみました。「待ち時間が知的体験に変わる」「コンセプトもデザインも良い」「お客さまにサプライズを演出できる」など、どうやら合理性や効率とは異なる観点で支持されているようです。

Short Edition CEO のクリストフ・シビュード氏

「わかりやすい」に価値を置かない

　ホフステード博士の研究を基にすると、各国の市場で何に価値が置かれる
のか、紐解きやすくなります。なぜ「物語の自動販売機」がフランス市場で
生まれるのか、その理由を国民文化の切り口から見ていきましょう。

　国民文化の切り口から見ると、日本で「西欧」と一括りにされるヨーロッ
パ各国の文化の中には、4つのメンタルイメージ＝文化圏があることがわか
ります（1. イギリス／アイルランド＝競争文化圏、2. 北欧諸国＝ネットワーク文化圏、3
. ドイツ周辺＝油の効いた機械文化圏、4. フランス／北イタリア／スペイン等＝太陽系文化
圏）。

　この中で、フランスの文化は異文化を研究するコミュニティの中でもしば
しば取り上げられるのですが、「わかりやすい」ことに必ずしも価値を置き

ません。このことは広告表現にもよく表れ、例えば航空会社のエールフランスの広告には一見、どこの会社の広告なのかわからないものがあったり、飲料のオランジーナの広告には広告が何を意味しているのかわからないものがあったりします。

　スマホで気軽に物語が読めるのであれば、それは「便利」で「わかりやすい」かもしれませんが、スマホ全盛の時代に駅の「自動販売機」でわざわざ紙に物語を印刷して読むという行為は「便利さ」や「手軽さ」のようなわかりやすい価値とは異なるものを大切にしているように見えます。

　フランスの文化は「Elegance（気品）」と「Cleverness（知性）」を大事にすると言われます。「物語の自動販売機」は万人が使う便利な道具というわけではないかもしれません。しかし、スマホ全盛の時代にわざわざ紙に印刷し、短い動画が増えるメディア状況に対して文字メディアの物語を推すアプローチは、周縁化されつつある古いメディアを駅の自動販売機という新しい形で蘇らせるものであり、「Elegance」と「Cleverness」を大事にする文化においては価値あるものとして受け取られるのかもしれません。

■ 車中のおしゃべりはお好きですか？ 人気のライドシェアサービスの秘訣

フランス：ライドシェアサービス「BlaBlaCar」

フランスで頭角を現す「BlaBlaCar」

　世界的に拡大するシェアリングエコノミー＝共有経済。この大きな潮流の中で、ライドシェア領域ではアメリカのUberや中国のDiDi（滴滴出行）が世界的に有名ですが、フランス発のサービスも頭角を現しています。中でも評判が良いのが、中長距離のライドシェア（相乗り）サービス「BlaBlaCar」。フランスの公共交通機関は日本ほど発達しておらず、直通の交通手段がない遠方まで安価で移動できる点が人気の理由です。運転手と利用者でガソリン代や高速代を割り勘するイメージなので、タクシー料金とさほど変わらないUberとは一線を画すサービスとなっています。

人気のヒミツは「嗜好」の事前設定

　同サービスでユニークなのは、運転手と利用者が事前に互いの「嗜好」を

アプリ上でおしゃべり・喫煙・ペット・音楽の
許容度合いなどの嗜好を設定

提示できる点です。サービス名は、運転手と利用者で「BlaBla＝ぺちゃくちゃ」おしゃべりをしながら旅をしようというコンセプトに由来します。ところが実際は、同乗者との対話を煩わしく感じたり、静かに過ごしたい人もいたため、利用者が「おしゃべりが好きか」を「1 Bla」から「3 Bla」の3段階で設定できるよう改良したところ、顧客満足度が一気に上がったそうです。

不確実性を嫌う文化では、不安を取り除くことで受け入れられる

　Uberが一般的になり、ライドシェアへの抵抗は薄れているとは言え、知らない人の車に乗って旅をすることは、何が起こるかわからない不確実で未知な状況です。こうした不確実で未知な状況を目の前にしたとき、「まあ、どうにかなるだろう」と思うか、それとも「何が起こるかわからないから、十分に検討しよう」と思うか、どちらの傾向が強いかは文化によって変わってきます。

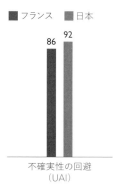

ホフステードの 6D ／
フランス・日本のスコア比較

　繰り返しになりますが、フランスは不確実性の回避の高い文化（UAI=86）です。不確実性の回避の高い文化では、人は未知の状況に不安を感じる傾向が強いので、事前に詳細な情報を知ることが必要と捉えられる傾向が強くなります。ドライバーが「おしゃべりが好きか」の度合いを事前に知ることができる仕組みは、不確実性の回避の高い文化では特に受け入れられやすいと考えられます。

　付け加えると、日本もフランス同様、不確実性の回避の高い文化（UAI=92）です。どんな人がドライバーなのか知りたいという欲求の程度は、フランス同様に日本でも高いと考えられます。不確実性の回避の高い文化においては、未知のサービスの採用には二の足を踏む傾向が強くなります。そのため、市場導入を成功させるためには、しっかりした情報提供をしたり専門家のお墨付きをもらうといった、サービス開発・マーケティング上の工夫が必要になります。

■■もしも運転中に恋に落ちたら、ナンバープレートを控えよう

フランス：マッチングサービス「Carimmat」

┃ 渋滞を運命の出会いに変える

　日本でも身近になりつつある「マッチングアプリ」（オンラインデーティングサービス）。米Allied Market Researchは、同分野の世界市場が年平均5％で成長し、2025年には92億ドル（約1.2兆円）に達すると予測しています。すでにメジャープレイヤーがポジションを確立しているため、市場の細分化が進み、各国で尖った新サービスが続々と登場しています。

「もし渋滞が出会いの場になったら…」。そんな発想で開発されたのが、2019年にフランスでリリースされたマッチングアプリ「Carimmat（カリマット）」です。車（あるいはバイク）のナンバープレートとアカウントが結びつけられ、渋滞中に見かけた車を運転する「気になる人」とつなげてくれるというもの。

マッチングアプリの Carimmat

　例えば信号待ちで、たまたま隣り合わせた車の運転者に一目惚れしたとします。そんなときは、信号が青に変わり、隣の車が発進した際にナンバープレートを控え、Carimmatに入力すれば（相手がアプリを利用している場合）相手に連絡することができるというもの。マッチングアプリとしてナンバープ

レートを利用するのは世界初の試みで、「渋滞時のTinder」という触れ込みで注目を集めています。

ニッチャーとしてのポジション獲得を急ぐ

思いがけない偶然の出会いに、人は運命を感じてしまうものですが、はたして「渋滞中」にそういったことが起こり得るのでしょうか。フランスでは、そもそもマッチングアプリに対する偏見が少なく、ミレニアル世代を中心にオープンに利用されています。また、通勤に車やバイクを用いる人の割合が全国平均で4分の3に達し、通勤時間帯は慢性的に渋滞が発生するので着眼点は悪くないですが、さすがの恋愛大国フランスといえどニッチな市場に映ります。

創業者トリスタン・バーガー氏によれば、恋人探し以外に、無断駐車をしている車の持ち主への連絡、交通事故後の当事者同士のやり取り、あるいは車の売買といった用途も想定しているとのこと。つまり、「恋人探し」は興味・関心を喚起するためのひとつの切り口にすぎず、「運転者のコミュニケーションプラットフォーム」を見据えているということです。

Carimmatはその新規性に反し、ユーザー数は2022年末時点で15万人に留まっており、コトラーの競争地位戦略で言うところのニッチャーのポジションを確立するには、利用者のさらなる拡大が急務と言えるでしょう。

新規サービス導入時の「不確実性の回避」の壁

ローンチしようとするサービスや商品を、その市場のどのような価値観に訴えかけるかを考える際、ホフステードモデルはひとつの補助線として有効です。ホフステードの6Dによれば、フランスは不確実性の回避のスコアが86であり、これはフランスが不確実性の回避の高い文化であることを示しています。不確実性の回避が高い文化においては、人々は前例のない状況を嫌い、失敗しないためにリスクを避ける傾向が高くなります。

新しいパートナーとの出会いは、基本的に不確実なことで満ちています。

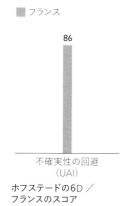

■フランス

86

不確実性の回避
（UAI）

ホフステードの6D／
フランスのスコア

お互いをよく知らないということ自体が不確実性そのものです。よって、こうした不確実性を下げるような仕組みを促す仕掛けがサービスまたはプロモーションに組み込まれていることが必要になります。シェアの高いサービスはそのこと自体が信頼性の証として使え、また積極的に有名人等をプロモーションに起用することも、不確実性の回避という壁を超えるために有効に作用することがあります。

　Carimmatのアプローチは、不確実性の回避の観点で言うと、「こういう車に乗っている人」という、その人を知る手がかりのひとつとして車を活用したものと考えられるかもしれません。新しいパートナーの情報が増えれば、不確実性の回避による未知の不安は低減していきます。そういう意味では面白いサービスアイデアにも見えますが、同時に「渋滞の場での出会い」というコンセプトはかなりニッチであることは否めません。

　また文化の観点からは、「路上で見かけた」という情報だけだと、不確実性の回避の高い文化では情報量として足りなさすぎるかもしれません。そのため、真面目にパートナーを探すサービスとして、ユーザーの信頼を獲得するには十分ではないとも考えられます。

　今後、どのようにCarimmatが受け入れられるか、もしくは受け入れられないかはわかりません。世代によっても価値観は異なってきますが、同世代間の国際比較をすると、依然として国の文化差が存在することが指摘されています。マッチングサービスのサービスデザインやプロモーションにおける、異文化間の差異は文化観点から大変興味深いポイントです。

■ インスタント写真が会えない「家族の絆」を深める

ナイジェリア：富士フイルム「チェキ（instax）」

┃ アフリカ大陸の人々は「インスタント写真」を知らない

　富士フイルムでは北・西アフリカの写真関連事業にフランス経由で取り組んでいます。フランスが旧仏領を中心に歴史、経済、文化など、あらゆる面でアフリカとのつながりが深いためです。

　2017年時点の課題は「チェキ（instax）」のビジネス立ち上げでした。まずは販売網とコミュニケーションの整備から着手しましたが、その過程で見えてきたのは「消費者がインスタント写真を体験したことがない上、その存在も知らない」というアフリカ市場の特殊性でした。良くも悪くも市場にインスタント写真の痕跡がないことに加え、「写真」を取り巻く系譜も異なるため（デジカメを通り越してスマホとSNSが普及）、ゼロベースでコミュニケーションを設計しなければなりませんでした。特に重点市場と位置づけているナイジェリア（大陸最大の人口と経済規模を誇る）で、その年の年末商戦期に展開し手応えのあった広告クリエイティブをご紹介します。

┃ 都市化による家族の分断を「チェキ」で埋める仕掛け

　市場にインスタント写真の痕跡がないため、インスタント写真文化の基点となるようなシナリオを描くことを、クリエイティブの上位テーマにしました。ターゲットについては、同国に250以上の民族が暮らし、それぞれが異なる価値観や文化を持つため、大まかに設定。アフリカ開発銀行によれば国民の8割が1日2ドル以下で生活するのに対し、「チェキ」の店頭価格は日本円にして1万円は下らないので、導入段階のターゲットは中間層以上とし、対象地域を販売網の整備が進むラゴスに絞りました。

まっさらな市場は好ましいブランドを形成するチャンスと言えますが、製品理解を醸成し、購入まで導くには現地のインサイトに基づいた強い動機づけが必要です。そこで、ローカルエージェンシーとクリエイティブのアプローチについて膝詰めで議論を重ねました。仕上がったコンセプトフレーズは、「Leave you behind＝あなたを（チェキで）置いていこう」です。

背景：
・ラゴス在住者は大半が地方出身。その多くは就労機会・富を求めラゴスに移り、家族と離れて暮らす。
・ナイジェリアでは「家族の絆」が極めて強いが、ラゴス在住者の多くは家族と会えないジレンマを抱えている。

企画コンセプト：
・残してきた家族や同じ民族集団との絆を深める仕掛けとして、年末年始の帰省時に「本人の代わりにチェキの写真を置いてくる」ことを促す。
・フィルムの現像剤の入った「白い余白」は「メッセージを書き込む場所」（手紙）として機能価値と情緒価値の両面で訴求し、スマホ写真と異なるタンジブルな魅力を示す。
・人々が帰省を終えてラゴスに戻る頃、「チェキ」の写真が手紙のように全土へ広がっていく、というシナリオ。

「Leave you behind」のコンセプトで展開したキャンペーン

集団主義文化では「内集団とのつながり」がポイントに

　ホフステードの6Dを見ると、ナイジェリアは集団主義（IDV=30）の文化であることがわかります。例えば、個人主義文化のアメリカ（IDV=91）と比べるとその対極にあります。

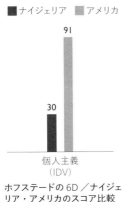

ホフステードの6D／ナイジェリア・アメリカのスコア比較

　個人主義の文化では人は「自分は独立した個人だ」と感じることが当たり前ですが、集団主義の文化では「自分は所属する集団の一員だ」と考えるのが当たり前になります。そのため、消費行動にも個人主義文化と集団主義文化で差が表れます。

　例えば、ホフステード博士らは2005年に調査会社が行った、15 〜 17歳の少女に対する美容やボディイメージについての調査を紹介しています。この調査の中で「自分の美の理想に影響を及ぼしている人」を聞いたところ、個人主義文化の国では「男の子」という回答が最も多かったのに対して、集団主義文化の国では「内集団の一員である女友達」という回答が最も多かったと報告しています。

　上記のように消費者の考え方が文化によって異なるため、同じ商品であってもプロモーションの仕方や訴求ポイントは文化によって分ける必要が出てきます。集団主義文化においては、今回の「チェキ」のように、家族・友人・民族といった「内集団とのつながり」を念頭に置いてプロモーションを考えることが重要な観点のひとつとなります。

▮▮ フランス人の心をつかむ数字 「3615」の正体とは？

フランス：クラブ「3615 Bar」他

ネットワーク文化を先取りした 80 ～ 90 年代のフランス

　ある数字を見聞きして懐かしくノスタルジックな気分になることはありますか？フランスでは「3615」が、多くの人に80 ～ 90年代を思い起こさせる特別な意味を持つ数字として認識されており、ここ数年「3615」をマーケティングに活用する動きがじわじわと広がりつつあります。

　今やインターネットのない生活は考えられないですが、フランスではインターネットが普及する以前（80 ～ 90年代）から「Minitel(ミニテル)」と呼ばれる家庭向け情報通信サービスが隆盛を誇っていました。電話回線にモニター付き端末を接続するだけで、ニュースの閲覧、鉄道・飛行機・ホテルの予約、ホームバンキング、成人向けチャットなど、現代を先取りしたようなサービスが利用でき、ピーク時にはサービス数が2万6000種に上り、900万世帯（人口の4割）が利用していました。インターネット登場以前にネットワーク文化がこれだけ広く普及していたことに驚かされます。

かつてフランスの家庭に広く普及していた情報通信サービス「Minitel」

サービスを利用するには、インターネットのURLのように「番号とアルファベット」を入力するのですが、その番号が（多くのサービスで）「3615」でした。鉄道時刻案内は「3615＋SNCF」、天気予報は「3615＋METEO」等。インターネットの普及に伴い、2012年にサービスを終了しましたが、「3615」はサービスを呼び出すためのコードとしていまだ多くのフランス人の記憶に残っているのです。

ノスタルジア・マーケティングは文化の非連続性にヒントあり

Minitel全盛期から四半世紀を経て、「3615」を冠したプロダクトやサービスが次々と立ち上がっています。2018年にパリ11区に開業したクラブ「3615 Bar」もその一例です。「80〜90年代へテレポート」をコンセプトとした店内は、当時流行ったアイテム（アーケードゲーム他）で飾られ、ダンスフロアはユーロダンス（電子音楽）に乗って踊る30歳前後のミレニアル世代であふれかえっています。

アメリカの社会学者フレッド・デーヴィス氏は「人々のノスタルジア志向が強まるのは、文化的非連続が起こった後」であると指摘しました。インターネットが社会を大きく変える直前まで主流だったMinitelはこうした変化の象徴とも言え、その意味では、「3615」によるノスタルジア喚起の現象は時代の必然なのかもしれません。

最先端サービスが必ずしも魅力的に映るとは限らない

ホフステードの6Dの内、今回のMinitelの事例は「不確実性の回避」軸の特徴を想起させます。不確実性の回避とは、その名の通り、ある文化の人々が不確実な未知のものに対して、どの程度不安を感じるかを示したものです。

不確実性の回避が低い文化では、新しい技術やサービスはすぐに受け入れられますが、高い文化では、新しい技術に対して、人々は戸惑いを覚えるので導入が相対的に遅れる傾向にあります。

これまでお伝えしてきた通り、フランスはかなり不確実性の回避の傾向が

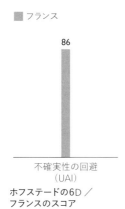

■ フランス

86

不確実性の回避
（UAI）

ホフステードの6D ／
フランスのスコア

高い文化です。実際、フランスでは他の先進
国に比べインターネットの普及が遅れて推移
してきました。Minitelのような確立したサー
ビスがある場合、不確実性の回避の高い文化
ではそこからの迅速な転換が難しいというこ
とを示しています。

新規性をアピールするか、歴史・伝統をアピールするか

インターネットの先進性や将来性が仮にわかっていたとしても、そうした
アピールは、不確実性の回避の高い文化では戸惑いをもって受け取られる傾
向にあり、プロモーションの効果が限定的になる可能性があります。

逆に言うと、不確実性の回避の高い文化では、保守的であることや専門性
の訴求がより信用される傾向にあります。「3615」のノスタルジア訴求は、
昔からの継続した流れの中に新しいサービスを位置づけることであり、こう
したアプローチは不確実性の回避の高い文化ではより有効に機能すると思わ
れます。

■ スポーツの根源的価値を問う 「五輪メダル」のイノベーション

支えてくれた人と分け合える五輪メダル

東京五輪を控え日本が盛り上がり始めていた2018年、早くもフランスでは2024年の「パリ五輪」開催に向け様々な準備が始まっていました。中でも「その手があったか！」と納得させられたのが五輪メダルのデザインです。著名フランス人デザイナー、フィリップ・スタルク氏により提案されたのは「シェアできるメダル」というコンセプト。1つのメダルを4つに分割し、残りの3つを競技生活を支えてくれた人たち（コーチ、家族、友人など）にも渡して勝利を分かち合うことができるというものです。

フィリップ・スタルク氏考案のパリ五輪のメダルデザイン

スタルク氏はメディアに対し「たった一人では勝つことはできないということをメダルで表現したかった」とさらりと説明していますが、スポーツの本質に迫るその発想には、心を打つものがあります。

メダルの分割は、メダルの数が増えることを意味しますが、株のように一つひとつの価値が下がることにはなりません。むしろ、メダルのユーザーが

「競技者」(本人) から「競技者 + α」(複数人) へと拡大することで、競技関係者 (コミュニティ) の関与度・満足度が高まり、パリ五輪のブランディングにつながるでしょう。

年齢に関係なく楽しめ、未来と相性のいい伝統競技

　追加種目検討の動きも活発化しました。候補のひとつに挙がったのが「ペタンク (pétanque)」という、100年以上の歴史を持つフランス発祥の球技です。フランスの国民的スポーツと言えば、サッカー、テニス、サイクリングなどが広く知られたところですが、ペタンクも人気があり、公園に行けばかなりの確率でプレイしている人を見かけます。ルールは簡単で、コート上に描いたサークルを基点として目標球 (ビュット) に金属製のボールを投げ合い、相手のボールより近づけることで得点を競います。

パリ市内の公園でペタンクを楽しむ若者たち

　高度な技術と戦略が求められますが、体力がなくても手軽に楽しめるのが人気の理由です。運動量の少ない競技はユーザーが高齢化しがちですが、ペタンクは老若男女が混ざり合ってプレイされているのが印象的です。日本では若者と高齢者が一緒にスポーツを楽しむ光景はなかなか見られません。残念ながらパリ五輪への採用は見送られましたが、人生100年時代を見据えたスポーツのあり方を考える上で、ペタンクにそのヒントが隠されているかもしれません。

東京との違いにも注目　フランス文化の特徴が五輪にも

　ホフステードの6Dに照らすと、フランス文化の特徴のひとつは、個人主義であることです（IDV=71）。日本の個人主義スコアは46でやや集団主義に寄っていますので、日本人からするとフランス人はだいぶ個人主義的な人たちに見えると思います。

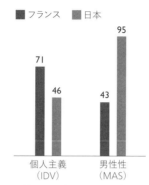

ホフステードの 6D ／フランス・日本のスコア比較

　個人主義の文化では、個人の努力による成果は個人に属するものです。集団主義では「皆で出した成果」というように集団を表彰することがありますが、個人主義の文化ではそのような表彰の仕方は実際に努力した個人のやる気を損ねます。選手がメダルを獲得する過程で貢献した周囲の人々に分割したメダルを渡そうという考えは、個人主義の文化に合った取り組みとなっています。

　フランス文化のもうひとつの特徴は女性性が強い（MAS=43）ことです。女性性の強い文化では社会的なことへの配慮や包摂が大事にされます。老人や子ども、障害者などへのケアが手厚いのも特徴です。ペタンクは年代や性別を問わずに参加できる競技で、男性性の強い文化で見られるような大きく派手な競技（アメフトや相撲など）ではありません。こうした競技選択にもフランス文化の特徴が見られます。2024年のパリ五輪では、いくつものフランスらしい文化が見られそうです。そんな文化の視点から2020年東京五輪と比べてみるのも、面白いかもしれません。

■┃「ニセの建物」の役割とは？ 華の都「パリ」の舞台裏

フランス：パリの景観保全

世界で第 5 位に位置するフランスのブランド力

　企業経営において「ブランド」の重要性が説かれて久しいですが、近年、「国や地域」においても国際競争力を高めるため、ブランディングの取り組みが活発化しています。フランスが自国のブランド力を保つ上で実施する、さりげない取り組みのひとつをご紹介します。

　世界50カ国のブランド力を測定した「Anholt － GfK国家ブランド指数」(2022) によれば、日本は2位、フランスが5位と、いずれもランキング上位です。フランスのブランド力は「文化・観光」項目での高スコアが決め手となっており、まず連想されるのがその美しい「歴史的景観」でしょう。中でも、パリ市街地は景観条例で厳格に保護されているため、新しい建築が規制され、建物の多くは築100年超です。

　作家志望のアメリカ人男性が1920年代のパリにタイムスリップし、憧れの芸術家たちと交流する日々を描いたウディ・アレン監督の映画『ミッドナイト・イン・パリ』ではないですが、生活する中で、歴史の中に迷い込んでしまったような感覚を覚えることも少なくありません。たまたま立ち寄った店が「世界史に名を残す、著名人が通っていたカフェだった」なんてことも珍しくありません。

パリ市内に点在する「ニセの建物」の役割とは？

　歴史的景観を維持しながら、時代に合わせてインフラを整備するのはそう簡単なことではありません。古い建造物の下にどのようにして下水や地下鉄を整備したのか？など、様々な疑問がわいてきます。

パリには新たに整備したインフラを隠す手立てとして「ニセの建物」が点在します。建物の正面（ファサード面）は典型的なオスマン建築ですが、扉をよく見ると呼び鈴がなく、窓は黒く塗られ内部が見えません。現地の人もその存在をあまり認識していませんが、これらは建物としては機能しておらず、高速郊外鉄道（RER）の「換気施設」を隠しているのです。実際にあった建物の外周フレームを残し、内部に換気塔が建てられています。

　日本の換気塔は先進的なデザインのものが多いですが、パリでは街の景観を尊重し、表に見せないというわけです。これは一例に過ぎないのですが、フランスの「ブランド体験」の質はこうした地味な取り組みの積み重ねによって成り立っていると言えるでしょう。

　景観保全にこだわる一方で、パリの街中は「犬や鳩のフンだらけ」でそのギャップにも驚かされます。「Elegance（気品）」を重視するフランスの国民文化は景観やファッションなどの目に入る部分には及ぶものの、足元までは及ばないのだろうか（靴にフンが付いてもEleganceを損なわないのか）と不思議に感じます。

中央の古い建物で高速郊外鉄道の換気塔を隠している

古い建物や景観を残す行動の背後にある文化特性

　ホフステードの6Dによれば、フランスの特徴のひとつは不確実性の回避の高さです（UAI=86）。何かを変えることは環境の不確実性を高めます。この不確実性を受け入れる程度が文化によって異なります。

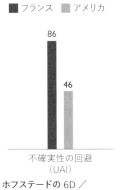

■フランス　■アメリカ

86

46

不確実性の回避
（UAI）

**ホフステードの6D／
フランス・アメリカのスコア比較**

　不確実性の回避が高い文化では、変化や新しいもの、これまでとは異なるものは戸惑いを呼び起こしたり、危険性を感じさせたりします。よって、新しいものを求めるより今あるものの価値を積極的に認め、保持しようとする傾向が出てきます。古い建物や景観を残そうとする行動の背後にはこうした文化特性があると考えられます。こうした不確実性の回避の高さは消費者行動にも影響を与えます。

　このことは、他国と比較するとよくわかります。例えばアメリカでは新しい商品やサービスが次々と受け入れられていきますが、文化的にはこれはアメリカの不確実性回避の低さが影響しています。研究では不確実性の回避の高い文化では新しい製品や技術は受け入れにハードルがあることが指摘されており、導入を丁寧に行うなど、文化特性を考慮に入れたマーケティング活動を行う必要性が指摘されています。

■ ところ変われば商品は変わる、似て非なる日仏の「食品用ラップ」

フランス在住の日本人が欲しがるもの

　他の海外主要都市と同様に、パリでもアジア系スーパーに行けば、日本人に馴染みのある食材の多くが手に入ります。ただし種類が少ない上、値段が高く、賞味期限間近のものばかりです。フランスの場合は良質な現地食材が豊富なので、フランスに住む日本人は現地食材とアジア食材をうまく組み合わせて和食を作る知恵を生活の中で身につけていきます。ところが日用品に至ってはアジア系スーパーにもローカルスーパーにもかゆいところに手が届くような商品はあまり置いていません。

パリ 13 区のアジア系スーパー Tang Frères（タンフレール）

　フランスに住む日本人に「一時帰国したときに何を調達するか」をたずねれば、真っ先に挙がるもののひとつが「食品用ラップ」でしょう。フランスで流通しているものは、薄くて切りづらく、貼りづらい代物なので、旭化成ホームプロダクツの「サランラップ」やクレハの「NEWクレラップ」など

の高品質な日本製品が非常に重宝します。

　アジア系スーパーで見かけることはありますが、例えば「サランラップ30cm×20m」1本が日本円で約900円（国内実勢価格の6倍）と高額です。このため、日本製ラップをあきらめてフランス製品と格闘している日本人家庭は多いと思います。

　フランスのような先進国でどうして使い勝手の悪いラップが流通しているのか。実はこの背景には市場ニーズの違いがあります。日本製品は電子レンジで使うことを前提に耐熱温度が140度レベルに設定されていますが、フランス人は比較的、何でもオーブンで温めるため、フランス製品はオーブンに対応した220度まで展開があります。切りづらさは箱や切り口の構造によるところが大きく、改善の余地があるものの、ラップそのものの品質が劣るということではなく、異なる機能性を提供しているのです。

　フランスでオーブンが好まれる理由は所説ありますが、「電子レンジの電磁波が体に良くない」イメージが根強く浸透しているためと言われています。電磁波が人体に及ぼす影響は、いまだ十分に解明されていないのですが、フランスでは早くから問題視され、幼稚園でのWi-Fi禁止、小学校でのWi-Fi利用の制限など予防措置が取られています。

アジア系スーパーで手に入る日本の食品類は多くが高額

家庭での経験を通じて文化は再生産されていく

ホフステード博士は、文化の中枢には価値観があると述べました。価値観とは、「悪い⇔良い」「汚い⇔きれい」「危険⇔安全」といった、肯定的な側面と否定的な側面の両極を併せ持つ感情のことです。日常生活の中で、何を危険と思うのか・安全と思うのかは文化によって変わってきます。

電子レンジは我々日本人にとってはそれほど危険なものとは認識されていない傾向にありますが、フランスでは危険なものとして認識される傾向にあります。ここで大切なことは、こうした価値観の学習は家庭の中で、かなり幼い時期に行われるということです。子どもは幼い時から、親や兄弟が家庭の中で電子レンジを危険なものとして扱っているところを見て学習をしていきます。こうした学習はあまりにも幼い時期に行われるため、価値観として無意識のレベルで学習されており、よって大人になってから変えることが難しいと言われています。

文化に流れる無意識の価値観を把握する

日本の家庭では電子レンジは安全なものとして扱われることが大半です。逆に、ラップをかけた食材をオーブンで温めることはまずありません。そのため、日本人の感覚からすると、フランス人の調理の仕方だと、熱で溶けたラップが身体に入ってしまう気がして、そちらの方が危険と思うかもしれません。この感覚は、幼い時からの学習を通じた無意識的なものなので、変えることは難しいかもしれません。

無意識レベルで学習されている文化的価値観にそぐわない訴求をすると、無視されるか、場合によっては嫌悪感を引き起こしてしまうこともあり得ます。そのため、広告等の訴求ポイントを作成する際には、現地の文化的価値観を丁寧に調べ、無意識のレベルで認識されている現地の価値観を把握することが重要となります。

■ アフリカ系商人の心を動かした ビジネス交渉術とは？

西アフリカ：アフリカ系商人の商習慣

「アフリカ系商人」、西アフリカ市場で頭角を現す

アフリカ大陸では、様々な商人がビジネスを営んでいます。地域やビジネス分野によってプレイヤーが異なりますが、特にビジネスリスクが高く攻略が難しい西アフリカ（ECOWAS）諸国ではレバノン商人のプレゼンスが高く、英『エコノミスト』誌の推計によれば、その規模は同地域だけでも25万人で、非アフリカ系として最大です。

レバノン系コミュニティは19世紀の植民地時代から現地に根づき、そのネットワークを活かして諸外国企業との間で仲介業・代理店業を営んできました。現地感覚を持ち、難しい商物流（輸入から商品の流通）に対応する彼らは長年、国外企業の心強い水先案内役を担っていました。

ところが、昔ながらの口銭ビジネス（手数料ビジネス）から脱却できないところが多く、踏み込んだマーケティングが必要な拡販フェーズに進むと、コンフリクトが生じるケースも出てきます。富士フイルムではこうした問題意識から西アフリカにおける流通政策を見直し、昨今頭角を現している地場の「アフリカ系商人」との関係強化を図ってきました。彼らはかつて、レバノン商人が輸入した商品を小売店に卸す仲買業を生業としていましたが、最近では経済力を身につけて、輸入卸に一気通貫で対応できるようになっているからです。ビジネスに対して貪欲で、流通階層を減らせる彼らと組むことで、市場開拓を加速させる狙いです。

巧妙なマーケティングは逆効果　古典的セールスプロモーションが有効

輸入卸に従事する「アフリカ系商人」の企業は規模が小さい場合が多く、

商談には代表者が出てくるので、条件さえ整えば"即断即決"でビジネスが動きます。とは言え、市場を熟知している彼らとの交渉は容易ではありません。指値で迫ってきたり、厳しい値下げ要請を突き付けてきます。

　値下げの回避、すなわち販売単価を変えない手立てとして、値引くことを想定し、あらかじめ基準価格を高めに提示（アンカリング）する手がありますが、市場価格が他市場に比べて低水準なため、下手をすると信頼を失いかねません。金銭的インセンティブ（累進リベート、拡販リベート）や安定供給の確約などの「未来の報酬」も考えられますが、こうしたスキームも西アフリカではなかなか通用しません。

　それでは何が響くのか？ひとつ目は、日本でも値引きの代わりに活用されているノベルティやプレミアムなどの販促物です。販促物の価値をどう示すかは腕の見せどころですが、非常に有効です。2つ目は、「正規ディーラー認定」といった心理的インセンティブです。富士フイルムでは有力なディーラーに対して、敬意と期待を込めて認定証を厳かな額に入れて贈るなどしていますが、これも喜ばれます。

富士フイルムの CI が入った小売店スタッフ向けシャツ
（ナイジェリアでの販促物例）

西アフリカの商習慣を文化の視点で紐解く

　グローバルビジネスをする中では、各地の商習慣の違いを把握することが

大切です。ホフステードの6Dを基にすると、各地の商習慣の背景が読み解け、どのように対応するのがいいか指針が得られることがあります。

　例えば、西アフリカの代表国のひとつであるナイジェリアのスコアを見ると、権力格差が高く（PDI=80）、男性性の特徴を持つ（MAS=60）文化であることがわかります。権力格差が高い男性性寄りの文化では「ステータスシンボル」が有効に機能する傾向にあります。社会はピラミッドのような階層でできており、上の階層に登ることには価値があります。

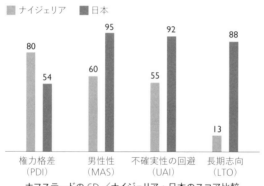

ホフステードの6D／ナイジェリア・日本のスコア比較

　ナイジェリアでCIの入ったシャツなどの販促物が好まれ、認定証が喜ばれる背景には、それがグローバルな大きな会社から認められているというステータスシンボルとして機能するから、と解釈することができます。

　一方で日本は、男性性が高い（MAS=95）のですが、それほど権力格差が高いわけではない（PDI=54）ので、そこまでステータスシンボルが機能する文化ではありません。また、日本は長期志向の文化（LTO=88）で不確実性の回避が高い（UAI=92）ので、日本人としてはリベートや安定供給の約束は「当然価値があるだろう」と思いがちです。しかし、ナイジェリアは短期志向（LTO=13）で、そこまで不確実性の回避が高いわけではない（UAI=55）ので、日本人ほどにはリベートや安定供給のような「未来の報酬」には価値を感じないかもしれないと推測することができます。

我々は日本文化の価値観をもとに「こういうことには価値がある」という前提でグローバルなビジネスを行いがちです。悪いことではないのですが、各国にはそれぞれ異なる文化があり、何に価値を置くかは文化によって異なります。こうした文化の差を理解することは、スムーズなビジネスを行う上で役立ちます。

セネガルの首都・ダカールの市場にて

遠くて近い国「エチオピア」の日本と通ずるおもてなし文化

エチオピア：客人をもてなす「コーヒーセレモニー」

アフリカでナンバーワンを誇るエチオピアの経済成長率

　富士フイルムでは北・西アフリカの写真関連事業にフランス経由で取り組んでおり、フランス現地法人に勤めていた際にはアフリカに出張する機会が多くありました。ここではエチオピアに出張した時の話をご紹介します。

　首都アディスアベバの空港に降り立ち、出迎えてくれた取引先の第一声は「長旅で疲れただろう。まずコーヒーを飲みに行こう」という、いかにもコーヒー生産国らしい言葉でした。同国はコーヒー発祥の地と言われ、豆の生産量はアフリカ1位（世界5位）、輸出額の約4分の1がコーヒーに依存しています。かつては干ばつによる飢餓に苦しみ、いまだ世界最貧国のひとつですが、新型コロナ前の2019年までは年間8%を超える高い経済成長を遂げ、世界の注目を集めていました（2014年経済成長率：10.3%、世界1位）。

「コーヒー」を軸としたシェアリング・ソサエティー

　エチオピアは日本から遠く離れた異国ですが、興味深いことに日本に近い生活習慣やしきたりを持ち合わせています。挨拶の際は腰を屈めてお辞儀をし、年配者を敬い、家族・地域の集まりを大切にし、庭仕事を好むなど、一昔前の日本を彷彿とさせます。国の歴史が古く、70年代まで王室が存在したこともあり、形式や儀式が重んじられていると考えられます。

　一方、日本人と大きく異なるのは、底抜けに明るい気質でしょうか。滞在中、取引先のトップ（年配者）自らが終始同行し、もてなしてくれた点も印象的でした。自分は立場が上なので、対応は部下に任せる、ということがないのです。同国では千年以上にもわたるコーヒーの長い歴史の中で、日本の

「茶道」に似た「コーヒーセレモニー」と呼ばれる「客人をもてなす文化」が育まれ、現在も生活に根差した慣習となっていますので、こうした文化が背景にあるのかもしれません。

　コーヒーセレモニーは客人の前で豆を煎るところから始まり、豆を粉砕し、ジャバナと呼ばれる素焼きのポットを使って淹れ、コーヒーを飲みながら語り合います。コーヒーを淹れる工程は少なくとも一時間はかかりますが、一般家庭で一日に2〜3回行われるそうです。コーヒーセレモニーは結婚前の女性が身につけるべき作法のひとつとなっており、一部地域ではプロポーズでもコーヒー豆が使われるなど、コーヒーは人生の節目（冠婚葬祭）とも深く関わっています。

　取引先で聞いた話では、プライベート・ビジネスを問わず、大切な話はコーヒーセレモニーで「シェアリング」するそうで、私たちも淹れたてのアラビカコーヒーを飲みながら商談を進めました。同国で日本企業のプレゼンスはまだまだ感じられませんが、日本文化が通ずる感覚を持ち合わせた国なので、日本企業進出の余地はあるのではないでしょうか。

「コーヒーセレモニー」と呼ばれる客人をもてなす文化が生活に根づく

集団主義文化の商習慣　まずは信頼関係の構築から

　ホフステードの6Dに照らすと、エチオピアは集団主義文化の国（IDV=20）

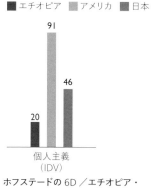

■エチオピア ■アメリカ ■日本

個人主義
（IDV）

ホフステードの6D／エチオピア・
アメリカ・日本のスコア比較

であることがわかります。集団主義の文化では、仕事をするにはまず「人間関係」をつくることが求められます。人間関係をつくる中で、「人として信頼される」→「仕事をして成果を出す」という順番でビジネスが進んでいきます。これに対し個人主義の文化では、仕事をするにはまず「成果を出す」ことが求められます。「成果を出す」→「人として信頼される」という順番でビジネスが進んでいきます。

　そのため、集団主義の国で初めての相手と商談をしようとすると、まずお茶に誘われることがしばしばあります。お茶をしながら話すのは商談の具体的な中身ではなく、人となりや家族の話です。こうしたプライベートな付き合いが先にあり、その中で人間関係ができると具体的な仕事の話に進んでいくという具合です。これは、アメリカなど個人主義の国で、単刀直入に相手のメリットを提示して素早く商談をまとめていくやり方とはアプローチが異なります。

　エチオピアのコーヒーセレモニーは、こうした集団主義の文化における人間関係構築に欠かせないプロセスです。アフリカをはじめ、多くの新興国で見られる集団主義文化でビジネスを円滑に進めるためには、こうした人間関係構築の機会に真摯に対応することが重要です。

■ 欧米企業が撤退するアフリカで 中国が躍進する理由

エチオピア：華人コミュニティの進出

変貌を遂げるエチオピアで中国の存在感が増大

　エチオピアに出張した当時、首都アディスアベバは開発ラッシュで、市内の至るところで建設が進んでいました。驚いたのは、建築現場の「仮囲い」が中国語で埋め尽くされていたこと。中国が官民一体で巨額の援助・投資を行い、道路、鉄道、発電所などの大規模インフラの整備を担っているのです。エチオピアの公用語（アムハラ語）で「新しい花」を意味するアディスアベバでは、中国がその花を咲かせようとしているように映りました。なぜ中国のアフリカ進出がうまくいくのか、そのアプローチからビジネスヒントを探ってみましょう。

アディスアベバ市内の仮囲いを中国語が埋め尽くしていた

華人コミュニティを形成　中国式の新興国進出

　中国によるアフリカ進出の狙いは、自国の経済成長を維持するために必要

となる莫大な「エネルギー資源の獲得」と「ビジネスチャンス」にあります（その上位に中国政府が推進する「一帯一路」構想があります）。進出のメカニズムは、まず中国側の企業・政府要人がトップセールスを行い、資源権益と引き換えに無償援助・借款で大型プロジェクトを請け負うことから始まり、建設で必要な機材や資材を本国から輸出し（貿易体制の確立）、大量の労働者を派遣します。

　ここで特徴的なのが、派遣された労働者たちとビジネスチャンスを求めて自ら移住した中国移民とが合わさり、華人コミュニティが物理的空間（チャイナタウン）として形成されていく点です。同胞で生活を支え合い、やがてビジネス網となって中国産品がアフリカ市場に流通していくことになります。つまり、華人コミュニティが生活のセーフティネットと商業機能を兼ね備えた一大プラットフォームになっているのです。

　アフリカで中国勢が躍進する一方、欧米企業の撤退が相次いでいます。主な撤退理由は「蔓延する汚職・腐敗に対応できない」ことや「消費市場の発展が想定よりも鈍い」（将来が見通せない）ためで、日本企業も同様の悩みを抱えています。それなのに、なぜ中国勢はこの問題を乗り越えられるのでしょうか。

新興国開拓に馴染む中国ならではの国民文化

　アフリカ市場開拓において欧米・日本企業が苦戦する一方、中国が躍進する理由のひとつを国民文化の違いに求めることができます。

　ホフステードの6Dの内の2つの軸である権力格差と集団主義／個人主義の中国・エチオピア・日本のスコア比較を見ると、中国の方が日本よりもエチオピアにスコアが近いことがわかります。中国もエチオピアも権力格差が高く、集団主義文化です。

　この文化パターンの国では、強い権力を持ったリーダー同士が物事を決め、集団はそれに従います。また、コミュニケーションが暗黙のうちに行われま

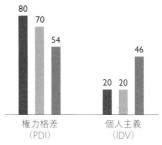

■中国　■エチオピア　■日本

権力格差
（PDI）

個人主義
（IDV）

ホフステードの 6D ／中国・エチオピア・日本のスコア比較

す。会議の場で個人同士が明白に議論をして決めていくというより、非公式
の場で権力者同士がお互いの面子を立てながら物事が決まっていきます。中
国ビジネスでよく、宴会で取引先の重役と会食をしたら翌日に迷走していた
商談があっさり決まっていた、というようなことがありますが、その背景に
はこうした文化があります。

不確実性を恐れない中国

　もうひとつ、日本と中国の文化で異なるの
が、不確実性の回避です。日本は極めて不確
実性回避が高い文化なのに対し、中国は極め
て低い文化であることがわかります。不確実
性の回避の高い文化では、「石橋は叩いてから
渡るもの」です。アフリカ市場のような「ま
だよくわからない」領域に足を踏み出すには、
情報収集をきちんとし、あらゆるリスクを洗
い出し、計画をきちんと作ってから行動した
いと考えます。

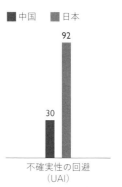

不確実性の回避
（UAI）

**ホフステードの 6D ／
中国・日本のスコア比較**

　一方の中国は不確実性の回避が低い文化です。この文化では「石橋は叩く
前に渡るもの」です。まず進出してみる。行動しながら情報を集め、分析を
し、行動を変えていくというアプローチを取ります。新興国市場は不確実な

ことであふれているため、国民文化の観点からは、中国のように不確実性の回避が低い文化の場合、積極的な進出をリスクと捉えない傾向にあると言えます。

第 **6** 章

社会課題・人権意識の
ムーブメント

社会運動、人権運動、草の根運動といった
社会的ムーブメントは、その国に生きる人々の抱えた
切実な感情が態度や行動に表れる現象です。
広告・販促のクリエイティブよりも国民文化が
浮き彫りになることがあります。
本章ではフランスで起きたデモ、スト、不買運動などを
取り上げ、読み解いていきます。

■ Amazon 独走に「待った」 背後に潜む「女性性」の価値観

世界で好調の Amazon もフランスでは苦戦？

コロナ禍の巣ごもり需要で世界的に拡大したEC市場。eMarketerによると、2020年の世界EC市場規模は4.28兆USドル（約578兆円）、前年比27.6％増となり、小売市場に占める割合は18％（4.4％増）まで高まりました。

ECの代表格のAmazonはといえば、同年売上は3860億USドル（約52兆円）、前年比37％増とEC市場全体よりも高い成長を遂げました。主要国は軒並み2ケタ成長（日本27.9％増、米36.1％増、英51.1％増、独33.0％増）を確保し、日欧米でAmazonが独走しているように見えます。

ところがKantarの報告によると、フランスではEC市場規模が前年比24％増で成長したのに対し、仏Amazonの売上は前年比7％増にとどまり、シェアは一昨年の22％から19％へ減少といまひとつ元気がありません。一体なぜなのでしょうか。

フランスでの伸び悩みの背景に Amazon バッシング

フランスにてAmazonが伸び悩んだ主な要因は、3つ考えられます。ひとつ目は、ロックダウン中に国内倉庫が一時閉鎖したことによる販売機会損失。2つ目は、小売が展開する「クリック＆コレクト」の普及が進んだこと。3つ目は、「Amazonバッシング」の影響です。

クリック＆コレクトは小売のECで注文した商品を実店舗で受け取れるサービスで、都合のいい時間に合わせ配送遅延や紛失を心配することなく商

品を確実に入手できる安心感と利便性から、急速に広がりました。実店舗での買物を好むフランス人の感覚とも相性が良く、今後小売業の生き残り戦略の主軸になっていくと言われています。

　脈々と続くAmazonバッシングの影響も無視できません。フランスでは2014年にEC事業者に書籍の無料配送を禁止する法案（通称「反Amazon法」）が施行されるなど、何かとAmazonとやり合ってきましたが、2020年に目立った動きを見せたのは政治家、学者、書店、出版社、環境保護団体などの代表ら120名が立ち上げた「Stop Amazon」運動です。

　仏Amazonに対し特別税を課すよう求めたり、クリスマス中には不買運動を繰り広げるなどしました。クリスマス不買運動にはパリのイダルゴ市長も支持を表明し、パリ市民に向けて「Amazonで買わないで。Amazonは私たちの本屋と地域の生活の終わりを意味します（意訳）」と訴えかけ、ずいぶんと話題になりました。

　ハッシュタグを活用した情報拡散も活発化し、街を歩いていると壁や地面にスプレーで「#Stop Amazon」と書かれているのを至るところで見かけるようにもなりました。しかしEC事業者は多数いるわけで、コロナ禍の不満や不安の矛先が、黒船Amazonに向けられてしまっているようにも感じられます。

スプレーで路上に描かれた「#Stop Amazon」
（パリ10区サン・マルタン運河沿いにて）

一人勝ちを許さない　フランスならではの文化的背景

　フランスの消費者が、Amazonに対して反感を抱き、Amazonで買い物をするのではなくクリック＆コレクトを選び、地域の小売店での購買を選ぶ背景には様々な理由があります。ラジオで流す音楽の4割はフランス語の楽曲でなければならないというような文化保護政策に見られる、反アメリカ的な考え方もあるでしょう。

　一方で、国民文化の観点から考えると、フランスの女性性文化の側面がAmazonに対する懐疑的な見方に影響を与えているように思います。ホフステードの6Dに照らすと、コロナ禍でAmazonが大きく成長をした米・英・独・日とフランスは、男性性／女性性の価値観が異なります。端的に言うと、米・英・独・日の4カ国は共通して男性性が高く（50以上）、フランスは女性性が高い（50以下）文化です。

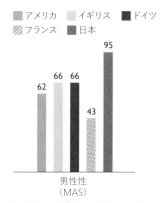

ホフステードの 6D ／アメリカ・イギリス・ドイツ・フランス・日本のスコア比較

　男性性が高い文化では競争の中で成功することに社会の焦点が置かれるため、圧倒的に便利で安いサービス体制を作り、グローバルで成功しているAmazonは称賛の対象で、受け入れられやすくなります。一方で、女性性が高い文化では、地域の連帯や弱者支援に社会的な焦点があり、競争で圧倒的な勝利を収めることは疑いの目で見られる傾向が強くなります。

「女性性」の価値観理解が将来市場のためには必要

　女性性の高い文化においては、Amazonが一人勝ちすればするほど、反感は高まり、政策的にも消費者感情としてもより地域を大切にする方向に向かうことが予想されます。

　世界の国で見ると、女性性が高い文化傾向を示す国は、フランスや北欧諸国、アジアではタイやベトナムなどがあり、人口的には多くありません。しかし、世界的な傾向として若い世代になればなるほど女性性が高い価値観を示していることが見て取れます。そのため、Amazonに対するフランス消費者の反応のような、女性性文化圏における消費者感情の理解は、将来の世界市場のあり方を理解する上で役に立つでしょう。

🇫🇷 欧州で広がるチェキの「写真バッジ」
─医師に気づかされた製品価値

フランス他：富士フイルム「写真バッジ」

フランスの医師からの連絡　写真で人間らしい関係を取り戻す

　コロナ禍のフランスから始まった「写真バッジ」活動をご紹介したいと思います。フランスがロックダウンに突入して間もない2020年3月末、新型コロナ感染者の治療にあたるパリのサン・ジョセフ病院の救急部長から富士フイルムフランスに連絡がありました。

「我々医師や看護師はゴーグルとマスクを装着して治療にあたっているため、患者に顔を見せることができません。インスタント写真を使い、顔の見える人間らしい環境を整えたいので協力してもらえませんか」。防護具を外せない中で、せめて顔写真を身に着けて患者に安心感を与えたいという医師の思いが込められたメッセージでした。当社からすぐにインスタントカメラ一式を届けました。

　数日後、襟元に笑顔の「写真バッジ」を付けた救急部の方々の写真が送られてきました。

サン・ジョセフ病院のスタッフ、「写真バッジ」と共に　　　© Hôpital Paris Saint-Joseph

感染リスクと隣り合わせの中でも患者を想う姿勢に富士フイルムフランスの従業員一同胸を熱くし、また写真は顔を見せるという物理的な側面以上に見えない思いが伝えられるものなんだと、写真が持つ本来的な価値に改めて気づかされた瞬間でもありました。

日本は目元で、欧米は口元で相手の感情を読み取る

　この事例が社内で広く共感を呼び、欧州全域で新型コロナと最前線で対峙する医療機関にチェキのカメラとフィルムを寄付することになり、開始2カ月で欧州8カ国、49の病院で「写真バッジ」を活用いただくに至りました。フランスでは小売店（家電量販店ブーランジェ、カメラ専門店カマラ他）でも「笑顔でお客さまを迎えたい」として導入が広がりました。

「笑顔でお迎えします」と書かれた
カメラ専門店カマラの店頭ポスター

　日本は目元で、欧米は口元で感情を表現する文化と言われています。10年程前に放映されたアメリカのドラマ『ライ・トゥ・ミー／嘘の瞬間』は、人

間の顔に表れるわずか0.2秒の「微表情」を読み解くことで嘘を暴き、難事件を解明していく専門家の活躍を描いた話ですが、その中でも口元は心を読み解く鍵になっていました。

このため、欧米では日本と異なり、重要な口元が見えないマスク姿は相手を怖がらせ、逆に「写真バッジ」で口元を見せることで私たち日本人が想像する以上に相手に安心感を与えることができるのかもしれません。

個人主義文化では相手の表情が見えることが重要

サンフランシスコ州立大学の心理学者デイビッド・マツモト教授らは相手の表情（幸せ、怒り、恐れ、悲しみ、不機嫌等）の読み取り方に、文化差があるのかどうかという調査を行っています。これは、様々な表情を浮かべた顔写真を見せて、被験者にその感情を推測させるものです。この調査によると、日本人は他国に比べて怒り・恐れ・悲しみの表情を認識することが不得意であることが報告されています。

また、ホフステード博士は、この調査のデータと彼自身の調査データをあわせて分析し、個人主義の指数が、幸せという表情を正しく認識する割合と正の相関をしていることを指摘しました。個人主義文化では、他人との関係は個人が自分でつくっていくものと考えられています。一方、集団主義文化では他人との関係性は社会によって元々規定されていると考える傾向が強くなります。そのため、集団主義文化に比べて、個人主義文化の人たちは、他者と自分との間にどのような関係性が成り立っているのか（ハッピーなのか怒っているのか等）を正しく知りたいと思う傾向が強くなります。

マスクをして表情がわからない状況は相手に不安を感じさせる可能性があり、そのため「私は笑顔です」ということを示すチェキを使った「写真バッジ」運動が欧州の医療従事者や小売店の方々に広がるさまは、平均して個人主義指数の高い欧州ならではの現象とも感じます。

■ 芸術性を排除しアーティストになった男、広告業界に一石を投じる

フランス：ストリートアーティスト「JOHN HAMON」

> **パリの街中に顔写真を貼り出す、前時代的なアテンションの集め方**

　今や一般人でも、ソーシャルメディアを通じて比較的容易に社会からのアテンションを集めることができるようになりましたが、パリには前時代的な方法で有名になったジョン・アモン（John Hamon）という人物がいます。彼の活動は非常に独創的で、「広告」に対する根源的な問いを内包しているので、ご紹介したいと思います。

　ジョン・アモンは自分の顔写真（19歳の時に撮影したポートレート）を使ったポスターを2001年から約20年にわたり、街中の建物やモニュメントに貼り続けていました。ボリューミーな髪型にメガネをかけ、微笑みを浮かべた顔写真の下に太いブロック体で「JOHN HAMON」と書かれたポスターは、一見何かの広告か選挙ポスターのように見え、誰も気に留めていませんでした。

街中に貼られたポスター　　　　　　　　　　　　© John Hamon C3151

しかし長年の露出を経て、彼の顔と名前は誰もが目にしたことのある状況になっていきました。そして、5年ほど前からパリジャン・パリジェンヌたちが「ところで、ポスターのジョン・アモンは何者?」と声を上げ始め、一気に注目を集める存在となったのです。

20年を費やした壮大な社会実験　ポスターを貼り続ける目的は?

　ジョン・アモンは「プロモーションアート」という概念で、活動をするストリートアーティストです。作品に顔写真と名前が使われているにもかかわらず、その素性はいまだ謎に包まれています。

　かつて視覚美術を批判し、観念の芸術を提唱した現代美術の祖、マルセル・デュシャンの影響を受けたという彼は、「アーティストという存在は(作品の視覚的効果ではなく)プロモーション(販促)によって生み出される」という立場を取り、作品の芸術性を限りなく排除した作品(自分の顔写真入りポスター)を屋外広告として掲示し続けていました。

　約20年を費やした壮大な社会実験と言えますが、ストリートアーティストとして世間に認知されたという意味では、その実験は成功したと言えるでしょう。現在では、表現手法がポスターからプロジェクターによる投影にまで広がり、エッフェル塔やエトワール凱旋門での投影も行われています。バ

エトワール凱旋門への投影　　　　　　　　© John Hamon C3151

ンクシーのように現代アートにおけるプロモーションの重要性について考え
させられると同時に、広告的なポスターが長年見過ごされてきた現実を考え
ると、商業広告の真価も問われているようにも感じられます。

解釈の余地を残した表現、見るものの知性を試すアプローチ

　フランスは、ベルギー・北イタリア・スペインなどと共に太陽系文化圏に
まとめられています。太陽系文化圏におけるプロモーション表現には、抽象
的なものがよく見られます。要するに、「何を訴求しているのかわからな
い」類の表現で、例えば、製品のベネフィットが全く書いていない表現や、
ブランド名・ロゴをあえて極小サイズで示す例などが見られます。

　こうした表現は見る側に解釈の余地を残します。表現としてはわかりにく
いのですが、見る側は「解釈する」という知的な作業をするわけです。そし
て、そうした知的な解釈を行う機会を見る側に提供したということ自体が、
そのプロモーション表現の価値を上げていると解釈できます。

　ジョン・アモンの顔写真のポスターは、その表現の中にはメッセージは明
記されていません。また、何を意図して貼られているのかもわかりません。
それを読み解く行為は見る側に要求されています。人々は「ところで、ポス
ターのジョン・アモンは何者？」「あれは何を意図しているの？」と言って、
解釈という知的な営みを行うことになります。

　太陽系文化圏ではそのこと自体に価値が発生するわけで、こうしたプロ
モーションが成功しやすい文化的土壌を持っていると考えることができます。

🇫🇷 あふれる「色」と「モチーフ」で フランス社会を揺さぶった大規模デモ

フランス：「黄色いベスト（Gilets Jaunes）」運動

なぜ、フランス人は「黄色いベスト」を身にまとうのか？

　フランスでは、2018年の燃料増税をきっかけに「黄色いベスト（Gilets Jaunes）」運動と呼ばれる政府への抗議運動が全国に広がりました。フランス政府は事態を沈静化するため、燃料税引き上げ中止や最低賃金引き上げなどの家計支援策を発表するなど対策を講じましたが、根底には鬱積した「不公平な税制と政治」に対する怒りや将来不安があると見られています。日本であまり報じられていない「黄色いベスト」のギミックとデモから垣間見えるフランス文化をご紹介します。

　日本においてデモは過激集団による行為のように扱われますが、フランスでは市民の声を政府に届ける正当な手段と見なされています。このため、デモ自体に驚くことはないのですが、「黄色いベスト」が従来のデモと一線を画すのは、特定の政治思想による団体ではなく、生活に困窮する「庶民」がソーシャルメディア上で自然発生的に立ち上がり、結束している点です。深い政治不信を前提とした指導者不在の水平的な編成（ソーシャルメディア上の緩やかなつながり）は内部から名乗り出る指導者さえも拒絶し、フランス政府は当初、交渉相手の特定に苦慮したとも言われています。

「黄色いベスト」がデモ隊のシンボルになっていますが、なぜ「黄色いベスト」を着用するのか——フランスでは安全対策として自動車内での安全ベスト（＝黄色いベスト）の携行が義務づけられています。本来は自動車が事故を起こし、車外に出るときに危険から身を守るために着用するものですが、市民は燃料増税等の不満や将来への不安を「危険」に見立て、皮肉を込めて「黄色いベスト」を着用しているのです。

自動車内に常備された「黄色いベスト」を用いることで、賛同さえ得られれば瞬時に運動参加を促せる（運動参加の敷居を下げている）ことも含め、本当に自然発生なのかと疑いたくなるほど、よく練られた施策に見えなくもありません。

フランス革命の発端となったパリのバスティーユ広場前で
「黄色いベスト」デモの準備を行う人々

「赤いスカーフ」「青いベスト」運動への発展

　2019年時点では、デモが一部暴徒化する中、反暴力と対話を訴える「赤いスカーフ」運動や、民主主義を維持するコストがいかに日頃の支出（例：スマホ代、オンライン動画視聴料など）に比べ小さいかを説く「反黄色いベスト」団体が立ち上がり、さらには警察の労働組合が昨今の労働条件（デモ対応等）に抗議し、相応の特別手当が得られない場合は「青いベスト」運動を始めると政府に迫るなど、異なる立場の主張も飛び交いました。

　その後「黄色いベスト」運動から欧州議会選挙に候補者を擁立するという発表があったり、「黄色い風船」を手にして平和なデモを取り戻そうと訴える女性集団が現れたりなど、新たな展開もありましたが、運動自体は沈静化していきました。これら一連の動きの中で興味深いのは、各団体・運動に「色」や「モチーフ」が使用されている点です。ソーシャルメディア上で自然発生的に生まれたムーブメントは実体性が見えづらいので、社会心理学的

な見方をすれば、共通の「色」や「モチーフ」が集団の帰属意識を醸成し、文化を注入するなど、その実体性を内外で認知させる上で重要な役割を果たしていると言えるでしょう。

明確に反対を示す姿勢は個人主義文化の傾向の表れ

繰り返しになりますが、フランスは個人主義文化の特徴を持っています（IDV＝71）。日本は、やや集団主義寄りですが、集団主義と個人主義の中間の文化傾向を持っています（IDV＝46）。

個人主義文化のひとつの大きな特徴は、意見を明確に言うことです。日本に来た欧米人がよく「日本人のYes（はい）は、『はい、あなたの話は聞きました』という意味で、必ずしも賛同しているわけではないよね」と言います。集団主義文化では人の意見に明確に反対することは場合によっては「無礼である」と捉えられますが、個人主義文化では明確に反対しないことが「無礼である」と捉えられる傾向にあります。

フランスのデモは、権威社会の中で個人の反対をはっきりと主張する方法のひとつです。また、そのデモも「黄色いベスト」「赤いスカーフ」「青いベスト」と一枚岩にならないところも、違いは違いとして明確に主張する個人主義文化の傾向が見え隠れしています。

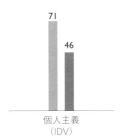

ホフステードの6D／
フランス・日本のスコア比較

■ コロナ禍のパリに登場した
癒しのショーウィンドウ

フランス：「ゴブラン通りのテディベア（Les Nounours des Gobelins）」

閉店中のカフェやレストランにテディベア出没

　コロナ禍の2021年6月のこと。買い出しのため、セーヌ川左岸のサンジェルマン・デ・プレを歩いていると、ロックダウン下で閉店しているはずの老舗カフェ「ドゥ・マゴ」の前に人だかりができているのが目に留まりました。覗いてみると、お客さんの代わりに巨大なテディベアたちが、我が物顔で座席を埋め尽くしていました。その可愛らしい様子を写真に収めようと人だかりができていたのです。

　実はこのテディベア、その後パリの至るところで見かけるようになり、コロナ禍の癒しとして存在感が一層高まっています。

老舗カフェ「ドゥ・マゴ」のテディベア（窓越しに撮影）

地域の人たちを笑顔にするため自腹で奮闘

　大量のテディベアは、まるで『テッド』（テディベアが主人公のコメディ映画）か玩具メーカーのプロモーションのようです。しかし、これは2018年末にパリ13区ゴブラン通りにある書店の店主フィリップ・ラブレル（Philippe Labourel）氏が「地域の人たちを笑顔にしたい」と立ち上げた活動です。

　書店の店先に何体か置いたところ、行き交う人々から反響があったため「Les Nounours des Gobelins（ゴブラン通りのテディベア）」と名付け、近隣のお店にも貸し出すようになったそうです。地元の様々な場所に出没する、人間さながらのポーズをしたテディベアの様子がSNSで広がり、区役所でも大きなイベントが開催されるなどして当時、話題になりました。

書店「Le Canon de la Presse」の店先に置かれたテディベア

　その後ロックダウンに突入してからは、閉店中の飲食店の寂しい店内を飾るのに一役買い、ロックダウンが緩和され一時的に飲食店が営業再開した頃には、店内にテディベアを置くことで、ソーシャルディスタンスを保つことができるとして再び脚光を浴びました。テディベアを借りたい人は個人であってもFacebookページでリクエストメッセージを送れば48時間、無料で借りることができます。貸し出し条件は、その間、常にテディベアと行動を共にし、重要な瞬間をSNSに投稿することです。つまり、借り手の数だけテディベアが出没する場面とSNS投稿が増えていくのです。

活動の性質からして協賛を受けられそうなものですが、フィリップ氏はテディベアを自腹で購入し、貸し出し続けています。そして営利な勧誘に惑わされないための心構えか、どこから仕入れて、何体を貸し出しているかについて明かしていません。

コロナ対応における「女性性」の価値観とは？

繰り返しになりますが、ホフステードの6Dで最も賛否両論の議論が交わされる次元が女性性／男性性です。次元の名前の中に「男」「女」という記述があるため、各地域の男女のイメージが次元にレッテル貼りされてしまうことがあり、議論が噛み合わないことがよくあります。こうした現象は、男性性の高い国においてよく見られます。日本は非常に男性性の高い文化（MAS=95）であるため、この次元は日本人にとっては理解しにくいかもしれません。

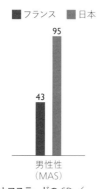

ホフステードの 6D ／
フランス・日本のスコア比較

一方で近年、世界中で「女性性の高まり」を示す事例を見るようになりました。LGBTQ+やその他マイノリティに関する関心の高まりは、世界的な価値観が女性性の方に移行しているように見えます。そのため、この次元の意味をよく理解することは将来の世界を理解する上で重要なのです。

フランスは文化的には女性性が高い傾向を持っています（MAS=43）。女性性の高い文化では「生活の質」「連帯」「協力」に価値が置かれます。テディベアを展示して人目を引く活動自体は、女性性／男性性の文化差に関係なく行われると思いますが、その行為の位置づけや意味づけは女性性／男性性の文化によって変わってきます。

今回の事例で言うと、フィリップ氏が「地域の人たちを笑顔にしたい」と地域コミュニティの「連帯」の意味づけでテディベアを展示し、さらに「近

隣のお店にも無償で貸し出し」をし、「協力し合う」関係性を築いていると
ころに女性性の価値観を感じます。

　同じ施策が男性性の高い価値観のもとでなされた場合は、地域の連帯とい
うよりは、どれだけSNSでバズるか、全国・全世界に拡大するか、スポン
サーシップ等のビジネスに発展するかという点に、より注目が集まりがちで
す。そうした男性性的方向性ではなく、自腹でテディベアを買い、地域の幸
福度を高めようとするフィリップ氏を見ると、女性性の高い価値観における
リーダーシップのあり方を志向しているように見えます。13区のエリアでは、
区役所や警察署も一緒になって盛り上げており、こうした活動に価値を置く
フランスの女性性の高さを見ることができます。

　日本では「笑う門には福きたる」と言いますが、フランスにも似たことわ
ざがあります。「Qui rit guérit（笑えば治る）」。幸福がやってくるということで
はなく、問題が解決されるという意味です。テディベアがもたらす笑顔でパ
リ市民の問題解決につながるのか、見守っていきたいところです。

■■「ブラックフライデー」に反発 過剰消費の流れに歯止めか?

フランス：「Green Friday」運動

「グリーンフライデー」が始動、もう過剰消費は放置しない

アメリカ発祥の大型セール「ブラックフライデー」は今や世界各地に広がり、欧州でもだいぶ定着してきた印象です。フランスでは「ブラックフライデー」が導入された2013年から2020年にかけて売上高が167%増えた（CRR 2020）との報告もあり、着実にその勢いは増しています。小売競争の激化に伴い「ブラックフライデー」の告知やセール開始時期は年々早まっており、もはや11月は「ブラックフライデー」一色という印象です。

ところが環境意識（質素倹約・再利用他）の高いフランスでは、経済優先の消費文化を疑問視する声も徐々に高まり、2017年にアンチブラックフライデーとして「グリーンフライデー（Green Friday）」運動が立ち上がりました。

主催団体は過剰消費を促すことを避けるよう呼びかけ、翌年には150社が賛同しました。賛同企業は「ブラックフライデー」中にセールを行わず、店舗やWebサイトを閉める、あるいは売上の一部を寄付に回し、再利用やモノづくりを推進する（セールの代わりにワークショップ開催）など各々できることに取り組みました。

まだ意識の高い企業が中心ですが、CSRを押し出したブランディングとして今後、賛同企業が増えることが予想され、相反する2つの動きとどう向き合うか、各社検討が必要となりそうです。

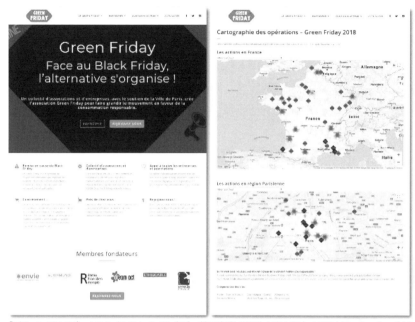

「グリーンフライデー」の公式 Web サイト（左）、賛同企業の活動内容も案内するストアロケーター（右）

背景にあるのは「女性性」と「長期志向」の文化

　アメリカから来た「ブラックフライデー」に対し、フランスで「グリーンフライデー」という消費行動が起こった背景には、もちろんアメリカ的なものに対して懐疑的な態度を取ることが多い欧州の傾向があるとも言えるかもしれません。しかし同時に、国民文化の観点から見ると、ホフステードの6Dの女性性／男性性と短期志向／長期志向の仏・米の差としても説明することができます。

　グラフを見るとフランスとアメリカは2つのスコアの高低が真逆になっていることがわかります。アメリカは、男性性が高い短期志向の文化なのに対して、フランスは女性性が低い長期志向の文化です。

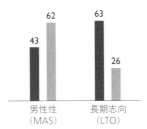

ホフステードの 6D ／フランス・アメリカのスコア比較

　アメリカのような男性性・短期志向の文化においては、「勝ち取り、短期間で欲求を満たす」ことが良しとされる傾向が強くなります。「ブラックフライデー」は、お得な商品を勝ち取って欲求を満たす狩場のようなものかもしれません。対して、フランスのような女性性・長期志向の文化においては、そうした消費で欲求を満たすことは必ずしも称賛されません。それよりも大切なのは福祉社会を実現し、生活の質を高めることであり、短期的な欲求を抑えても、倹約に価値を置きます。

　このような文化における価値観の差を考えると、アメリカ文化を体現した「ブラックフライデー」をそのままフランスに持ってきても、文化的に違和感を抱く人がフランスの中で出てくるのは、国民文化差の観点からは、自然な流れだと言えるかもしれません。

　後日談ですが、2018年は商戦期に日本でも広く報じられた大規模デモ（黄色いベスト運動）が重なったため、小売や観光産業を中心にフランス経済は大打撃を受けました。「ブラックフライデー」の是非はさて置き、結果的には「グリーン」な年末商戦となりました。

🇫🇷 セクハラ論争で揺れるフランス スマホ広告でセクハラ撲滅！？

フランス：Ogilvy Paris「Non C'est Non」キャンペーン

世界で広がる MeToo 運動、フランスでは文化論争へ

　ハリウッドの映画プロデューサーによるセクハラや性的暴力を女優やモデルが告発したことをきっかけに、2017年に世界的に広がったセクハラ撲滅運動「#MeToo」。

　フランスではより過激なハッシュタグ（#BalanceTonPorc＝ブタを告発せよ）と共に告発の動きが広がりましたが、そうした中、様々な分野で活躍するフランス人女性100人（往年の大女優カトリーヌ・ドヌーヴ他）が連名で仏紙『ル・モンド』に声明文を出し、「男性には『口説く自由』がある〜口説くことと犯罪を一緒くたにしてはいけない（意訳）」とした上、過熱するMeToo運動が「魔女狩り」のようでピューリタニズムの波を起こしていると主張したのです。

　この声明に非難が殺到し、男女平等担当副大臣までもが「危険な内容」と指摘するなど、大きな論争へと発展しました。デリケートなテーマを除けば、声明の根底には昨今のSNSによる全体主義の風潮に対する警鐘も含まれ、現代的な問題提起と捉えることもできるでしょう。ここではその中で展開された「スマホを活用したセクハラ撲滅キャンペーン」をご紹介します。

インタースティシャル広告をセクハラ対策に活用

　フランスでは、特に公共交通機関におけるセクハラが問題視され、マクロン政権が法整備に着手していますが、民間企業や非営利団体による「男性に向けた啓蒙活動」も活発化しています。Ogilvy Parisはセクハラ問題を扱う諸団体やメディア（GQ、Konbini、SoFoot、Libération、BFM、L'Express）と協力し、

2018年3月8日の国際女性デーに合わせてハラスメント撲滅キャンペーン「Non C'est Non（ダメなものはダメ）」を実施しました。

　キャンペーンは男性を対象とし、スマホの「インタースティシャル広告（画面全体を覆うようにポップアップ表示される広告）」を活用してハラスメントを疑似体験させるというもので、男性が普段通りスマホでメディアコンテンツ（ニュース等）を読んでいると、突然「電話番号を教えて」といったバナーが表示され、消しても内容がエスカレートし表示され続けるという仕掛けです。

　最後に、「あなたはたった今、公共交通機関で全ての女性の身に起きていることを体験しました」と表示され、体験の意味づけが行われます。インタースティシャル広告の鬱陶しさを逆手に取ったソーシャルマーケティング施策となっているわけですが、男性に対して無差別に表示させる（受け手よりも送り手の事情で運用される）辺りは、日本ではあまり見ない方法と言えます。

Ogilvy Paris が手掛けた「Non C'est Non」キャンペーン

一括りにできない西洋文化を読み解く４つの軸

　MeToo運動に対してカトリーヌ・ドヌーヴを含むフランス人女性100人が連名で声明文を出したことは、改めてフランスとアメリカの物事の捉え方・考え方の差を世界に示す事例でした。フランスとアメリカがどのように異なるのかに関しては、様々な切り口からの考察が可能ですが、その内のひとつに国民文化の差の観点があります。

　1950年代にアメリカの社会学者アレックス・インケルス氏と心理学者ダ

ニエル・レビンソン氏が過去の文化研究を文献調査し、人類には共通の課題が4つあると述べました（「権威との関係」「個人と社会との関係」「男性らしさと女性らしさについての概念」「葛藤の解決の仕方」）。この4つの課題を軸として定義し、定量調査によって国民文化の差を数値化したのがホフステード博士です。

　ホフステード博士の調査を基にフランスとアメリカを比較すると、4つの軸の内3つで、フランスとアメリカは真逆の文化傾向を示しています。日本人はアメリカもフランスも「西洋」とか「欧米」という形で一括りにしてしまいますが、実際にはこの2つの国はだいぶ異なる文化傾向を持っています。

MeToo 運動に見るフランスとアメリカの文化差

　フランスとアメリカの国民文化の違いのひとつが女性性／男性性です。ホフステード博士の研究では、フランスは女性性文化（MAS=43）、アメリカは男性性文化（MAS=62）です。男性性の強い文化は「対立志向」を取る傾向にあります。MeToo運動でも、男性の不正な行為を告発し、糾弾するやり方は男性性の強い文化の方法と言えるのかもしれません。

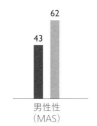

ホフステードの6D／フランス・アメリカのスコア比較

　一方で、女性性の強い文化は「コンセンサス志向」で、また弱者の立場や状況に注意を払います。フランスの「Non C'est Non」キャンペーンにおけるインタースティシャル広告は、「女性は交通機関の中でこんな目に遭っています」と女性（この場合の弱者）の立場への注意喚起に焦点が置かれています。これは女性性の強い文化の特徴に見えます。強者を糾弾するのか、弱者への理解を促すのか。この差は、セクハラという同じ事象に対しても、文化によって対応が異なる一端を示していると言えるでしょう。

フランスの日常生活から

文化的な思考や行動の違いが現れる場面は、
広告クリエイティブを含むマーケティング領域だけでなく、
日常生活の中にも多数存在します。
ここでは、フランスの日常生活を取り上げ、
ホフステードの 6D を用いて解説していきます。
ホフステードの知見はビジネスシーンだけではなく、
日々のコミュニケーションにも広く活かすことができます。

■ フランス流の問題解決法 「システムD」でうまく切り抜ける

フランスの行政手続きは一筋縄ではいかない

　フランスの行政手続きは複雑で時間がかかります。手続きの多くは書面での提出が義務づけられ、内容の記入ミス・漏れ、書類の不備によって振り出しに戻ってしまうことも。このあたりが、フランスが形式主義と言われるゆえんでしょう。

　例えば、外国人がフランスに長期滞在するには入国後3カ月以内に「滞在許可証」を取得する必要があります。しかし、ただでさえ複雑な手続き方法がさらに、しばしば変更となり、抜け漏れが生じやすいため、手続き代行サービスが立派なビジネスになっています。フランスの運転免許証への切り替え手続きでも半年以上を要したという、日本企業駐在員が大勢いますが、こうした問題はフランス生活のほんの入口にすぎません。

臨機応変に立ち回り、フランス社会をうまく生き抜く術

　著者も渡仏前後の諸手続きが思うように進まず、早い段階である程度の免疫ができましたが、それでも日常生活の中で生じる事務手続きや問題への対処は、なかなか骨が折れるものです。どうにもならない問題はフランス人の同僚に助けを求めるのですが、多くの場合「システムD」という方法で解決してくれます。

　「システムD」とは「Système débrouille」の略で、「自分でうまくやり抜ける方法」という意味です。役所での書類の発行手続きを省略してもらったり、支払納期を延長してもらうことだったり、交通渋滞を違反すれすれで回避することであったりと、あらゆる場面で使われます。

　役所での書類の発行手続きを例に挙げると、フランスは法律や規則を重ん

じる国ですので、書類の不備があれば突き返され出直すことになってしまいますが、役所内で親切そうな職員を見つけ、その人を味方につけて融通を利かせてもらう（その場で代替案を探してもらう）ことができれば、「システムD」で解決したことになります。当然、違法なことは許されないですが、がんじがらめの法律や規則の中で物事をうまく運ぶためにフランス人は日々「システムD」を駆使して臨機応変に立ち回っているのです。

「システムD」という格好いい字面だけを見ると、まるで科学的理論のようですが、人間的な対処法にこうした呼称が用いられている点は、フランス的エスプリの効いたユーモアにも感じられます。

公園の通行禁止時間帯にさりげなく通り抜ける人々

日本文化とも共通する不確実性の回避の高さ

　ホフステードの6Dに基づくと、各国における行政や企業業務上の手続きの複雑さが、その国のどのような文化的背景をもとにしているのかがわかりやすくなります。フランスは不確実性回避が非常に高い文化（UAI=86）です。不確実性回避が高い文化では、曖昧なことが嫌われるため、例えば行政手続きはたとえ複雑であったとしても、手順や提出書類の条件を決めておきたいという文化的力学が働きます。

　フランスはしばしば、非人間的な官僚制の国で、行政手続きが煩雑と言われますが、文化的にはこうした不確実性の回避の高さがあると言われています。それと同時に、フランスは個人主義の文化（IDV=71）でもあります。行政手続きは複雑であったとしても、その場で働く人の中には、個人として自分が考える行動を取る人がいます。「手続きはこうなっているけれど、こういうやり方を試してみては？」と個人の意見をはっきり言って助けてくれる人がいるのは文化的にありうる話であり、そうした助けを受けながら、個人としてうまくやる、というスタンスが「システムD」という名前で定義されているのは、いかにもフランス的だと感じます。

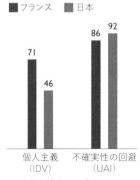

ホフステードの 6D ／
フランス・日本のスコア比較

　余談ですが、日本も不確実性回避が高い文化（UAI=92）です。日本の行政手続きも煩雑だなと感じることは多々あります。しかし、日本はそこまで個人主義の文化ではない（IDV=46）ので、「システムD」のようなアプローチが明確には認識されてはおらず、そこは日本とフランスとの文化差かとも感じます。

🇫🇷 フランスでは消防士がモテる
文化によってヒーローは変わる

▍革命記念日前夜は消防署がディスコ化!?

7月14日はフランス革命記念日—フランスで最も重要な祝日です。シャンゼリゼ通りで行われる軍事パレードやエッフェル塔の花火などイベントが盛りだくさんですが、その前夜に開催される消防署主催のダンスパーティー「バル・デ・ポンピエ」も恒例行事です。消防士（ポンピエ）を一目見ようと毎年、消防署前は女性客を中心に、長蛇の列ができるほど人気のイベントとなっています。

米『Harvard Business Review』誌（2012年10月号）が、データサイエンティストを「21世紀で最もセクシーな職業」と紹介してから10年以上が経ちますが、フランスで「セクシーな職業は？」とたずねれば、いまだ多くの女性が真っ先に「消防士」と答えるでしょう。フランスの消防士の人気ぶりは目を見張るものがあり、ここではその理由を文化的観点と共にご紹介したいと思います。

パリ消防旅団による子ども向け消防体験会の様子

フランス人にとって消防士はどのような存在なのか？

　困ったときの消防士。ハンサムで高潔、そして鍛え抜かれた体。私たちは皆、そんな彼に救出してもらうことを夢見ているのです。

　これはフランスの大手出会い系サイトに書かれている消防士の職業説明です。内容からフランス人女性の消防士観が垣間見えますが、女性だけでなく広く国民の人気者です。理由はいくつか考えられます。まず、ひとつは仕事の幅広さが挙げられます。火災対応に限らず、事故や（日本では自衛隊が対応するような）災害の人命救助から日常の些細な問題まで、広く問題解決をしてくれる頼れる存在であるということです。コロナ禍のワクチン接種でも会場の仕切りから注射にまで対応しています。

　もうひとつの理由は、鍛え上げられた身体を含めた容姿の良さです。街で見かける消防士は確かに胸板が厚く凛々しい人が多い気がします。市民を守り、マッチョでイケメンとなれば人気が出ないわけがありません。このため、消防士は子どもたちにとって憧れの存在（＝ヒーロー）で、「将来なりたい職業」のランキングを取ると、男の子の10位以内に消防士が入ってきます（就職支援サービスZetyの2019年の調査より）。

　そのイメージは大人になっても変わりません。消防士全体の8割がボランティアであることが、そのことを物語っています（2019年の消防士の数は25万

3000名、その内職業消防士21%、ボランティア79%）。子どもの頃からの憧れである消防士を別の職業に就きながらボランティアという形で叶えている人たちが大勢いるのです。

子どもがなりたい職業に見える国民文化の影響とは？

「将来なりたい職業」のランキングは多くの国で調査され、好奇心を持って見られています。日本でも同様の調査はよくあり、例えば2021年3月に第一生命が全国の小学生・中学生・高校生計3000人を対象に行った調査では、中学・高校の男女と小学校の男子で、1位が「会社員」となり話題となっていました。

こうした日本の「なりたい職業ランキング」で安定して出てくる仕事に「公務員」があります。この第一生命の調査でも、小学校でも男女共に「公務員」は10位以内にあり、中学・高校になると男女とも3位以内に入ってきます。

ホフステードの6Dに基づくと、日本は文化的に不確実性の回避が高い（UAI=92）ため、具体的な仕事内容の希望よりも前に、「公務員」や「会社員」といった安定していそうなポジションを言う子どもが多く出てきます。ここから、まずは安定して安心したいと考える日本ならではの安定志向の価値観が垣間見えます。

フランスの消防士が見せる文化的価値観とは？

同様に、フランスの消防士人気からもフランス的な価値観を見て取ることができます。ホフステード指数では、フランスは個人主義（IDV=71）で、同時に女性性（MAS=43）の傾向を持つ文化であることがわかります。

個人主義の文化は個人の経済的・心理的ニーズを尊重するため、うがった見方をされると「自分勝手」な人たちの集まりと思われることもあるかもしれません。しかし、成熟した個人主義の文化では、自分のニーズを大切にするように、相手のニーズも尊重します。さらに、フランスは女性性の価値観

を持つため、社会の連帯や協力を重視し、困っている人を積極的に助けることを良しとします。

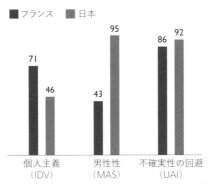

ホフステードの 6D ／フランス・日本のスコア比較

　フランスの消防士の仕事が消火だけに留まらず、地域の問題解決も含み、さらに多くのボランティアによって成り立っている様は、まさにフランスの女性性の高さの現れのように見えます。

　こうした消防士の仕事やあり方が社会で評価され、子どもにも憧れられることで、価値観が社会の中で再生産されていくことになります。ホフステードは、その社会で尊敬されるヒーローに文化的な特徴を見て取ることができると指摘しましたが、フランスの消防士は、フランスの文化的特徴を表す人々のヒーローのような存在なのかもしれません。

🇫🇷 フランス人上司のフィードバックは いつも厳しめ？

問題点をストレートに指摘するのがフランス流

　海外において部下のマネジメントに携わると、はじめは誰しもが「文化の違い」に戸惑うものです。部下とのコミュニケーションのとり方も大きく異なります。今回はその最たるものとして挙げられる「フィードバックの仕方」についてご紹介します。

　仕事における有効なフィードバックとは、スタッフに業務の成果や行動に対する評価結果を伝えた上、本人のモチベーションを高め成長を促すものです。一方で、やり方を間違えればスタッフのやる気が削がれ、ひいては組織全体にも影響を及ぼしかねないため、フィードバックの仕方には細心の注意を払わなければなりません。それが異文化環境であれば、なおさらです。

富士フイルムフランスでの考課面談の様子。
問題点を単刀直入に指摘するケースが多い

　先日、富士フイルムフランス現地スタッフの考課面談（ボーナスの査定目的）を、フランス人幹部に協力してもらい実施しました。ひとり目の面談相

手は、数字目標は達成したものの、チームのマネジメントがおろそかになっていたプロダクトマネージャーでした。

　面談が始まると、フランス人幹部は業務成果の評価を事実に即して淡々と説明した後、「君は部下のマネジメントが、まるでできていない。給与に見合った役割を果たせないなら、君の守備範囲を見直させてもらう」と単刀直入にネガティブ・フィードバックを行いました。すると、そのプロダクトマネージャーは眉をひそめることもなく、「すぐに改善しますので、ご安心ください」とさわやかに答えて退出していきました。

　フランスは個人主義文化のため、個人の意見を相手にはっきりと伝えますが、かつて紳士・淑女の間で礼儀正しいふるまいが規範とされていた歴史の影響で、オブラートに包んだ表現も多用します。営業出身でエネルギッシュなフランス人幹部も普段は周囲に気を遣う一面があったので、面談時の彼の伝え方は少し意外なものでした。面談後、彼に「ずいぶんとはっきり指摘したね」と言うと、「はっきりと言った方が相手のためになる。こういうときはアメリカンスタイルでストレートに伝えるんだ」と言うのです。

　私の受けた印象はアメリカ人よりもストレートでネガティブだというものでした。日本人が同じことを伝える場合、「数字をよく達成してくれました。部下のマネジメントを強化すれば、さらにレベルアップできるでしょう」と、数字の目標達成を労い、部下のマネジメント問題はほのめかして指摘するでしょう。

　2018年6月、マクロン大統領が公務で外出した先で、中学生の少年に愛称の「マニュ」と呼び掛けられた際のこと。大統領は人々との握手を中断し、少年に「公式行事では礼儀正しく振る舞わなければいけない。私のことは大統領、もしくはムッシューと呼ばないと」と諭し、欧州域内で話題になりました。日本の首相であれば笑ってやり過ごしていたのではないでしょうか。

権力格差の大きい文化では上司は権威ある存在

　フランス人上司のフィードバックが厳しく聞こえる背景には、文化の違いがあります。これまで何度も述べてきたように、フランス文化の特徴のひとつに、権力格差と個人主義のスコアが共に高い、ということがあります。米・英・独といった他の主要欧米諸国は、個人主義ですが、権力格差は小さい文化です。そのため、上司と部下は割と対等な立場で、例えば部下が上司を、「ハイ、ジョン！」とファーストネームやニックネームで呼ぶことも珍しくありません。

　一方で、フランスは権力格差の大きい文化（PDI=68）です。そのため上司は権威を持った存在として見られ、部下からはしばしば怖い存在とみなされています。そしてフランスは同時に個人主義文化でもある（IDV=71）ため、物事をはっきり伝えます。「権威を持った存在」が「はっきり伝える」ため、フランス人上司のフィードバックはしばしば厳しいものとなる傾向にあります（逆にアメリカでは厳しいネガティブ・フィードバックは嫌われる傾向が強くなります）。

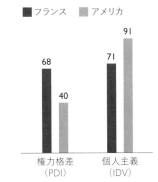

ホフステードの 6D ／フランス・アメリカのスコア比較

　文化によって、自然だと感じられるフィードバックの仕方は変わるので、海外でビジネス展開をする際には注意が必要です。

牛の鳴き声が進行役？
国民性を反映した「会議の工夫」

風光明媚なアルプス山麓に、ハイテク産業の一大拠点

　パリから高速列車で約3時間の距離にある、フランス南東部の都市グルノーブル。アルプス山脈の麓に広がる風光明媚な土地でありながら、スタートアップや研究機関が集積するハイテク産業の一大拠点でもあります。この地にフランスで最も人気のある写真プリントアプリ「Lalalab.」などを擁し、急成長を遂げるベンチャー企業「Photoweb」が本部を構えています。同社を訪問した際に目にした、ちょっとした働き方の工夫をご紹介します。

　同社のオフィスに足を踏み入れると、まず目に入るのは外光が差し込むモダンなインナーテラスで作業をする人たちの姿です。いかにもベンチャー企業らしい光景ですが、特に興味を惹かれたのは通路や会議室壁面で「付箋」を多用し、オープンにプロジェクト管理が行われていたことと、さらに社内を歩いているときに会議室から漏れ聞こえてくる「牛の鳴き声」でした。

全ての会議室に置かれたファシリテーションツール
（左が牛の鳴き声のするおもちゃ）

その国の文化に適したファシリテーション方法を探る

「牛の鳴き声」の正体は「Boîte à meuh（モーモー缶）」。ひっくり返すと「モー」と音が出るおもちゃです。全ての会議室にファシリテーションツールとして置かれ、会議中に特定の人が議論を独占したり、議論があらぬ方向に脱線したりしたときに、会議主催者と参加者が牛の鳴き声で待ったをかけ、時間管理の徹底を図るというのです。

それでは、付箋を使ったプロジェクト管理はどのように行われているのでしょうか。欧州では日程計画を「週番号」（例えば「12月第一週」ではなく「Week49」）で管理するのが一般的です。

同社では各プロジェクトに会議室の壁面を割り当て、壁面を広く使い横軸に「週番号」を振り、縦軸に各担当者が「ウィークリータスク」を付箋で貼っていきます。プロジェクトメンバーは週次で集まり、共同レビュー（付箋の移動、貼り直し等）を行うことで、各々がプロジェクトとの関わりを認識し、持ち場に戻ります。

付箋を使ったプロジェクト管理を導入した副社長のロラン・ボアディ氏

同社の副社長、ロラン・ボアディ氏によれば、こうしたアナログな共同作業を通じてメンバー間の相互作用が促され、日程計画の実現可能性が高まっていくとのこと。

同氏は過去に勤めた多国籍企業での経験を通じてフランス人の特性を客観視できるようになったと言います。フランス人は時間をかけて議論を深めることを好み、協調性よりも独創性を重視する傾向があるので、アジャイル経営を実現するためにこうした特性（国民文化）に合わせた仕組みを随所で導入したそうです。

個人主義なのに権力格差が高いフランス文化

　ホフステードの6Dに基づくと、フランス文化の特徴は個人主義（IDV=71）でありながら、権力格差が高い（PDI=68）文化であることがわかります。これは、フランスの文化が米・英・独といった他の先進国とは違う文化パターンであることを示しています。世界的には、個人主義の傾向が強くなると、権力格差は低くなります。つまり、大事にされるのは個人の意見であって、上司等の権力者の意見も数ある個人見解のひとつとして扱われます。結果として、上司・部下間のコミュニケーションはフラットになりがちです。

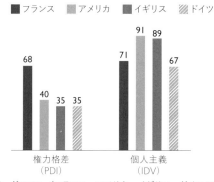

ホフステードの 6D ／フランス・アメリカ・イギリス・ドイツのスコア比較

　一方でフランス文化では、個人の意見は重視されますが、同時に上司などの権力者の意見は重みを持って受け取られます。つまり、上司と部下のコミュニケーションはフラットにはなり難くなります。

フランス文化らしい組織内コミュニケーションの工夫

　このため、フランス企業で働く日本人マネージャーから次のような不満を
しばしば聞くようになります。すなわち、「部下に指示をすると『やりま
す』と返事をするのだが、実際は違うことをやっているケースがある」とい
うものです。これは権力格差が高いため、上司の指示は一応聞くが、個人主
義なので自分の考えを優先させている文化的事例と解釈することができます。

　フランス文化はまた、不確実性の回避が高い（UAI=86）文化でもあります。
そのため、フランス文化の組織における仕事の進捗確認は、個人主義に配慮
して上司による一方的な確認作業ではなく、仕組みを使った双方向的なもの
にした方がうまくいくと考えることができます。

　アジャイル型の付箋を使ったプロジェクト状況のアナログな見える化は、
副社長という「権力を持った人」が持ち込んだ「仕組み」でプロジェクト全
体を管理する形式になっています。これは、権力格差が高く、個人主義で不
確実性の回避が高いフランス文化らしいマネジメント方法だと感じます。

■ フランス人はこうして大人になる
粋な「成人の贈り物」

自宅を自由に使える権利を18歳の誕生日にプレゼント

先日（2019年連載当時）、フランス人の同僚フランクが「息子が18歳を迎えたんだ」と嬉しそうに話していました。フランスでは18歳の誕生日を迎えると成人したことになり、選挙権が与えられ、飲酒が解禁となります。特別な式典などはありませんが、節目として家族で盛大に祝うそうです。今回はフランクが父親として息子の誕生日に手渡した「贈り物」のお話です。

息子さんが誕生日を迎えた夜、飾り付けられたダイニングテーブルに夫婦で仕込んだ料理ととっておきのワインを並べ、さらにアクティブな息子さんのためにスポーツ用のサングラスとサプライズの"ギフトカード"を贈ったそうです。

そのギフトカードには、「自宅を1週間自由に使える権利」と手書きで書かれていて、息子さんが希望するタイミングで親が家を1週間空け、その間に友達を招待するなどして家を自由に使える、という趣旨だそうです。なるほど、素敵な贈り物だと思いました。息子に自由と責任を突き付けることで「大人」を体験させる、というわけです。

しつけの厳しいフランス家庭だからこその心意気

フランスでは子どもたちが将来困らないようにと、社会のルールや好ましい習慣を厳しくしつけます。また、共働き世帯が多い上、家庭では夫婦関係が優先されるため、親（大人）は子どもに振り回されることなく自分たちのペースで生活します。

バースデイカードでサプライズの「贈り物」をプレゼント

　親は子どもの自立を促すため、成長するにつれルールを緩めていきますが、それでも子どもたちは成人するまで常に親の敷いたしつけの枠組の中に置かれ、その範囲で自由を見出すのです。「自宅を自由に使える権利」は一見、些細な贈り物に感じられますが、こうしたしつけの末に「君はもう正しい判断ができる」と伝えているのに等しく、よく考えられた贈り物だと思いました。

　ホフステードの6Dでフランスの文化を見ると、フランスは権力格差が高く（PDI=68）、同時に個人主義（IDV=71）の傾向を持つ文化です。前述の通り、米・英・独といった他の欧米先進国と比べると、個人主義であることは共通しているのですが、フランスだけは権力格差が高いのが特徴です。

　権力格差が高い文化では、親は子どもに従順さを教え、親や年長の親族に対して敬意を払うことは、一生にわたって続く基本的美徳と捉えられます。フランスでのしつけは、こうした権力格差の高い文化背景の発現と考えることができます。

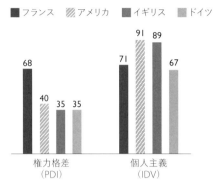

ホフステードの 6D ／フランス・アメリカ・イギリス・ドイツのスコア比較

権力格差が高くても個人を尊重するフランス文化

　権力格差の高い文化圏の多くは、フランスのように個人主義ではなく集団主義です。そこでは家族などの集団を中心とした社会が成立し、その集団の中でヒエラルキーがつくられます。そして集団主義文化では「私の意見」よりも「私たちの意見」が重要と考えられます。

　フランスは権力格差が高いので階層社会になるのですが、同時に個人主義文化なので、個人の意見や考えを持つことが重要視されます。子どもの教育において、幼少期からしっかりとしたしつけをしつつ、18歳になったら自由と責任を与え、個人として扱う子育てには、権力格差の高い中でも個人主義者であることを重視するフランス文化がよく現れています。「自宅を1週間自由に使ってよい」という18歳の誕生日プレゼントは、まさにその好例と言えるでしょう。

❚❘「手書き」を重視するフランス
―ハレの日から日常まで

❚ チョコレートが入った紙袋に潜むフランス人の心遣い

　日本では、相手に礼節を尽くすには、Eメールよりも「手書きのメッセージ」が望ましいとする考え方が根強く存在しますが、果たしてフランスではどうでしょうか。ここではフランスの「手書き文化」について紹介します。

　少しさかのぼりますが、取引先である広告会社の社長のフィリップ氏が来社した時のこと。面談後に小さな白い紙袋を手渡されました。バレンタインシーズンということで、中にはチョコレートが入っていました。彼の話によれば、そのチョコレートはショコラティエになりたての息子さんが作ったもので、感想を聞かせてほしいとのことでした。フィリップを見送り、チョコレートが入った紙袋をデスクに置いた時、袋に描かれたエレガントな装飾文字が目に留まりました。ブランド名が印刷されているのか？と思い、読んでみると、宛名が書かれた「手書き」のカリグラフィーでした。

紙袋に施された美しい手書きのカリグラフィー。西洋の書道とも言われる

写真右 ©Hitomi Takeuchi Nottiani

❚ 現代まで脈々と受け継がれるカリグラフィーの文化

　後日フィリップ氏に電話し、チョコレートの御礼と感想を伝え、袋に書か

れた装飾文字についても感動したことを伝えると、「プロのカリグラファー
に依頼したんだ。どうだ、きれいだろ？」と得意気でした。カリグラフィー
は西洋の書道とも呼ばれ、現在も結婚式、ファッションショー、映画祭など
の特別行事の招待状や席札で用いられているそうです。

　カリグラフィーはハレの日のものですが、日常の中でもフランスでは「手
書き」のメッセージが重視されています。例えば、日本と同様に履歴書のカ
バーレターは手書きが望ましいとされています。応募者の誠意や熱意を見極
めることに加えて、採用プロセスで筆跡診断が行われることがあるためです。
フランスでは古くから「筆跡は人格を表す」と捉えられ、筆跡心理の学問研
究が盛んに行われてきました。筆跡診断士（グラフォルグ）が弁護士などと肩
を並べる国家資格にもなっています。日本でも書道の世界で「書は人なり」
と言われますが、フランスでは実用的に用いられているのです。

　少し古い情報ですが、英BBCがフランスの筆跡学者にヒアリングをしたと
ころ、2013年時点でフランス企業の半数以上（50〜75％）が筆跡診断の結果
を何らかの形で採用や人事配置に利用しているという見解が示されています。
信頼性に関する問題や時代にそぐわないという意識からか、フランス企業の
多くは筆跡診断について公に語ることには消極的ですが、現在もなお利用さ
れ続けていることがわかります。

伝統も個性も両方を同時に大切にする文化

　ホフステードの6Dに基づくと、フランス文化は個人主義（IDV=71）で不確
実性の回避が高い（UAI=86）文化であることがわかります。不確実性の回避
が高い場合、形式や型といったものが重視される傾向にあります。日本も不
確実性の回避が高い（UAI=92）文化なので、この感覚はわかりやすいと思い
ます。例えば、武道や茶道などで「型」を学ぶことが重視されますが、これ
は日本の不確実性の回避の高さの表れと考えられます。

　フランスの場合は、この不確実性の回避の高さに個人主義という要素が加
わります。そのため、型を使う中で表現されてくる個性的な側面に注目が集
まり、価値が置かれることになります。

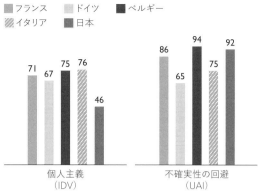

ホフステードの6D ／フランス・ドイツ・ベルギー・イタリア・
日本のスコア比較

　筆跡診断を企業が採用や人事配置に利用するとは、なんと古臭いやり方な
のか、とびっくりしてしまう人もいるかもしれませんが、カリグラフィーと
いう表現手法も、その人の個性を知るためのひとつの方法と考えれば、不確
実性の回避が高く、個人主義の文化では、それは妥当なものの見方と感じら
れるかもしれません。欧州ではドイツ、ベルギー、イタリアなどでも筆跡心
理の学問研究が盛んで、いずれもフランスのように個人主義で不確実性の回
避が高い文化です。

🇫🇷 ボールペンが育む国民文化
—間違いを"消さない"教育から学ぶ

間違いは消さずに残す、ボールペンで学ぶフランス人

「幼少期の教育が人間形成の基礎を培う」とは、よく言われることですが、今回はそれを象徴するようなフランス教育のエピソードをご紹介します。9月に現地の小学校に通い始める娘の学校から、新学期前に学用品の持ち物リストが送られてきました。

フランスでは小学生から主にボールペンを使い、高学年になると万年筆を使うと聞いてはいましたが、実際に持ち物リストの最初にボールペンが記されていました（学年や教師によっても運用が異なります）。ボールペン9本（青緑赤）に対して鉛筆が2本と、まさにボールペン中心です。色には役割があり、青色でノートをとり、緑色で間違いを正し、赤色は先生が採点やコメントをするのに使います。

ノートやテストの答案で書き間違えたときは、修正具はあまり使わず、横線を引いて訂正します。ボールペンで書かれた内容は間違いも含め全て可視化されるので、教師は生徒がどう考えたのか思考過程を確認することができ、的確な指導が行えるというのです。

また、フランスの試験は記述問題が中心で、解答の正誤だけでなく、そこに至った考え方も評価の対象となります。答えが間違っていても、ロジックが正しければ点数をもらえるため、ボールペンで全てを残す（＝間違いを消さない）ことは生徒にとってもメリットがあります。人生は常に本番で、未来は変えられても過去をリセットすることはできないので、ボールペンの運用は人生の本質とも重なり、理にかなったものに見えます。

3色のボールペンを使い分けたノート

1つの正解を求める日本、フランスとの教育の違い

　一方、日本の試験は多くの場合、正解は1つです。鉛筆を使えば消しゴム
で消して書き直せますが（＝間違いをなかったことにできる）、この過程も「1つ
の正解」を意識させるもののように感じられます。不確実性・複雑性が増し、
答えが1つとは限らない現代社会に日本が対応する上で、もしかするとフラ
ンスの教育は参考になるかもしれません。

　フランスの教育は「加点主義」、日本は「減点主義」と言い換えることも
できます。興味深いことに、学校教育の精神は社会の中にも表れています。
例えば、フランスでサッカー選手はシュートを打たないことよりも、たとえ
外したとしても打つことが評価対象となります。チャレンジしなければ、得
点の可能性もなければ、失敗からの学びもない、と考えるわけです。ワイン
の品評も加点方式なのに対し、日本酒の利き酒は基本的には減点方式が採ら
れ、これまたフランスと日本の文化を表しているようで興味深いものがあり
ます。

加点主義の背景にあるフランス文化の特徴

　日本の読者の皆さまの中には、日本の減点主義に辟易としている方もいる
かもしれません。例えば仕事において、日本社会では仕事は「できて当たり

前」で、ミスをすると瞬間的な減点どころか、下手すると「仕事ができない」と烙印を押されてしまうことさえあります。一方、フランスではミスをすると上司から部下に直接的で厳しい指導が行われますが、いつまでも引きずらず、同じミスを繰り返さず成果を出せばまた評価されます。

　どうして、日本は減点主義でフランスは加点主義なのか。その理由を紐解くヒントは文化にあります。ホフステードの6Dの内、女性性／男性性と不確実性の回避にヒントがありそうです。日本もフランスも不確実性（UAI）の回避の高い文化です（日本=92、フランス=86）。これは日本では学校の細かい校則やルールに表れますし、フランスでは3色のボールペンの役割が細かく決められているところに見ることができます。

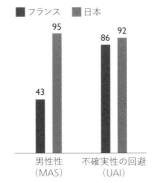

ホフステードの 6D ／フランス・日本のスコア比較

　しかし、日本とフランスはMASのスコア傾向が真逆です。具体的には、日本は男性性文化（MAS=95）なのに対して、フランスは女性性文化（MAS=43）です。男性性の高い文化では目標は不変です。日本文化は不確実性の回避と男性性が同時に高いので、「決められた方法で、決められた目標において結果を出すこと」が求められます。結果が出ていないということは、決められた方法を知らないか、達成する力がないか、やる気がないと考えられます。どれも評価できないので、減点されます。

　一方、フランスは不確実性の回避は高いのでやり方には型がありますが（ボールペンの色を使い分ける等）、目標とは目安にすぎず状況に応じて変わるも

のと考えられるので、結果が出ないこと自体に固執しません。フランスは個人主義の文化（IDV=71）でもあるので、結果を出す云々よりも、個人としてどう考えたのか、状況に応じて何をトライしたのか、ということを実際に表現することの方に価値が置かれます。この価値観が、日本人からすると「加点主義」という姿勢に見えます。

　何が正解なのかわからない時代においては、状況に応じた試行錯誤をすることに価値を置く文化の方が適しているのではないか？フランスの教育を見ているとそんなことを感じざるを得ません。

おわりに

　本書を最後まで読んでいただき、ありがとうございました。世界の広告や販促などのクリエイティブ事例を取り上げ、ホフステードモデルを用いて読み解いてきましたが、いかがだったでしょうか。

　広告や販促のクリエイティブ表現は、マーケターやクリエイターがその国の対象ターゲットの価値観に最大限訴求できるよう練られ、価値観や世相を表していることが多いので、読者の皆さまも本書で取り上げた事例だけでなく、気になる世界の広告表現や起きている事象をホフステードの6Dを使い読み解いてみると、新たな発見があるかもしれません。繰り返し行うことで、絵具を混ぜ合わせて色が浮かび上がるように、国レベルの文化的価値観の傾向が一層感覚的に掴めるようになると思います。

　新型コロナのパンデミックにより、世界的に多くの企業で急速なDX（デジタルトランスフォーメーション）が進み、ポストコロナ時代はグローバル／インターナショナルなコミュニケーションが対面とオンラインにより柔軟に行われ、多様性も当たり前な世界に向かっていくことと思われます。それはつまり、今後日本のマーケター、クリエイター、経営者、起業家の方々が異国・異文化環境の中で挑戦する機会が増え、「異文化理解」が一層重要になるということでもあります。

　こうした時代の変わり目に、世界を分析的に捉える手がかりをご提供することで、日本の優れた人材が世界で一層活躍する一助となればという想いで書きました。本書では広告・販促のクリエイティブを扱いましたが、ホフステードの6Dの視点を持つことで異文化理解の解像度が高まり、日頃の生活やビジネスシーンでも先入観から来る不幸なコミュニケーションの行き違いが軽減できるだけでなく、ビジネスの打率も上がる（＝仕事に役立つ）ことを

願っています。

　最後になりますが、本書の基礎となった月刊『宣伝会議』での連載、及び本書の出版のきっかけをつくってくださった宣伝会議の谷口優編集長、企画段階から伴奏し励ましてくださった書籍編集部の上条慎氏、そして的確な編集サポートをしてくださった同書籍編集部の刀田聡子氏、素敵な表紙をデザインしてくださった加藤愛子氏に深く感謝いたします。また、本書を手に取ってお読みいただいた読者の皆さま、私たちをいつも支えてくださっている皆さまに改めて感謝いたします。

2023年4月　山本真郷・渡邉 寧

出典サイト一覧

Budweiser 公式サイト
https://www.budweiser.com/

Carlsberg 公式サイト
https://www.carlsberggroup.com/

Marketing Week 2019 年 4 月 15 日記事
「Carlsberg admits it probably isn't the best beer in the world as it overhauls the brand and the brew」
https://www.marketingweek.com/carlsberg-overhauls-brand-and-beer/

adforum
https://www.adforum.com/agency/6666972/projects/34512241/probably-the-best-print-ad-for-the-world/

BBC news 2012 年 10 月 1 日記事
「Ikea 'regrets' removal of women from Saudi catalogue」
https://www.bbc.com/news/world-europe-19786862

appnova.com 2014 年 8 月 6 日記事
「5 smart advertising examples that defeated business competitors」
https://www.appnova.com/5-smart-advertising-examples-defeated-business-competitors/

参考文献

De Mooij, M. (2019). Consumer behavior and culture: Consequences for global marketing and advertising. SAGE Publications.

Hofstede, G. (1998). Masculinity and Femininity: The Taboo Dimension of National Cultures. SAGE Publications.

Hofstede, G. (2001). Culture's consequences: Comparing values, behaviors, institutions and organizations across nations. SAGE Publications.

付録 「6次元モデル」の国別スコア表

国名・地域名は英語表記アルファベット順に表記

国名・地域名（通称）	権力格差 [PDI]	集団主義／個人主義 [IDV]	女性性／男性性 [MAS]	不確実性の回避 [UAI]	短期志向／長期志向 [LTO]	人生の楽しみ方 [IVR]
東アフリカ	64	27	41	52	32	40
西アフリカ	77	20	46	54	9	78
アルバニア					61	15
アルジェリア					26	32
アンドラ						65
アラブ諸国	80	38	53	68	23	34
アルゼンチン	49	46	56	86	20	62
アルメニア					61	
オーストラリア	38	90	61	51	21	71
オーストリア	11	55	79	70	60	63
アゼルバイジャン					61	22
バングラデシュ	80	20	55	60	47	20
ベラルーシ					81	15
ベルギー	65	75	54	94	82	57
ベルギー フランス語圏	67	72	60	93		
ベルギー オランダ語圏	61	78	43	97		
ボスニア ヘルツェゴビナ					70	44
ブラジル	69	38	49	76	44	59
ブルガリア	70	30	40	85	69	16
ブルキナファソ					27	18
カナダ	39	80	52	48	36	68
カナダ フランス語圏	54	73	45	60		
チリ	63	23	28	86	31	68
中国	80	20	66	30	87	24

付録 「6次元モデル」の国別スコア表

国名・地域名 （通称）	権力 格差 [PDI]	集団主義／ 個人主義 [IDV]	女性性／ 男性性 [MAS]	不確実性 の回避 [UAI]	短期志向／ 長期志向 [LTO]	人生の 楽しみ方 [IVR]
コロンビア	67	13	64	80	13	83
コスタリカ	35	15	21	86		
クロアチア	73	33	40	80	58	33
キプロス						70
チェコ	57	58	57	74	70	29
デンマーク	18	74	16	23	35	70
ドミニカ共和国					13	54
エクアドル	78	8	63	67		
エジプト					7	4
エチオピア						46
エルサルバドル	66	19	40	94	20	89
エストニア	40	60	30	60	82	16
フィンランド	33	63	26	59	38	57
フランス	68	71	43	86	63	48
ジョージア					38	32
ドイツ	35	67	66	65	83	40
ドイツ（東部）					78	34
ガーナ					4	72
イギリス	35	89	66	35	51	69
ギリシャ	60	35	57	112	45	50
グアテマラ	95	6	37	101		
香港	68	25	57	29	61	17
ハンガリー	46	80	88	82	58	31
アイスランド					28	67

国名・地域名 （通称）	権力 格差 [PDI]	集団主義／ 個人主義 [IDV]	女性性／ 男性性 [MAS]	不確実性 の回避 [UAI]	短期志向／ 長期志向 [LTO]	人生の 楽しみ方 [IVR]
インド	77	48	56	40	51	26
インドネシア	78	14	46	48	62	38
イラン	58	41	43	59	14	40
イラク					25	17
アイルランド	28	70	68	35	24	65
イスラエル	13	54	47	81	38	
イタリア	50	76	70	75	61	30
ジャマイカ	45	39	68	13		
日本	54	46	95	92	88	42
ヨルダン					16	43
韓国	60	18	39	85	100	29
キルギス					66	39
ラトビア	44	70	9	63	69	13
リトアニア	42	60	19	65	82	16
ルクセンブルク	40	60	50	70	64	56
北マケドニア					62	35
マレーシア	104	26	50	36	41	57
マリ					20	43
マルタ	56	59	47	96	47	66
メキシコ	81	30	69	82	24	97
モルドバ					71	19
モンテネグロ					75	20
モロッコ	70	46	53	68	14	25
オランダ	38	80	14	53	67	68

国名・地域名 （通称）	権力 格差 [PDI]	集団主義／ 個人主義 [IDV]	女性性／ 男性性 [MAS]	不確実性 の回避 [UAI]	短期志向／ 長期志向 [LTO]	人生の 楽しみ方 [IVR]
ニュージーランド	22	79	58	49	33	75
ナイジェリア					13	84
ノルウェー	31	69	8	50	35	55
パキスタン	55	14	50	70	50	0
パナマ	95	11	44	86		
ペルー	64	16	42	87	25	46
フィリピン	94	32	64	44	27	42
ポーランド	68	60	64	93	38	29
ポルトガル	63	27	31	104	28	33
プエルトリコ					0	90
ルーマニア	90	30	42	90	52	20
ロシア	93	39	36	95	81	20
ルワンダ					18	37
サウジアラビア					36	52
セルビア	86	25	43	92	52	28
シンガポール	74	20	48	8	72	46
スロバキア	104	52	110	51	77	28
スロベニア	71	27	19	88	49	48
南アフリカ					34	63
南アフリカ共和国 白人地域	49	65	63	49		
スペイン	57	51	42	86	48	44
スリナム	85	47	37	92		
スウェーデン	31	71	5	29	53	78
スイス	34	68	70	58	74	66

国名・地域名 （通称）	権力 格差 [PDI]	集団主義／ 個人主義 [IDV]	女性性／ 男性性 [MAS]	不確実性 の回避 [UAI]	短期志向／ 長期志向 [LTO]	人生の 楽しみ方 [IVR]
スイス フランス語圏	70	64	58	70		
スイス ドイツ語圏	26	69	72	56		
台湾	58	17	45	69	93	49
タンザニア					34	38
タイ	64	20	34	64	32	45
トリニダード・ トバゴ	47	16	58	55	13	80
トルコ	66	37	45	85	46	49
アメリカ	40	91	62	46	26	68
ウガンダ					24	52
ウクライナ					86	14
ウルグアイ	61	36	38	100	26	53
ベネズエラ	81	12	73	76	16	100
ベトナム	70	20	40	30	57	35
ザンビア					30	42
ジンバブエ					15	28

（出典 geerthofstede.com）

下記のサイトで国名からのスコア検索や、複数国スコアの比較ができます。
Hofstede Insights「Country comparison tool」
https://www.hofstede-insights.com/country-comparison-tool

オウンドメディア進化論

ステークホルダーを巻き込みファンをつくる！

平山高敏 著

■本体2000円＋税　ISBN 978-4-88335-555-6

「キリンビール公式note」立ち上げに携わり、キリンの情報発信戦略を担う筆者が、オウンドメディア立ち上げの「適切なアプローチ」から、継続できるオウンドメディア運用のポイントを解説。マーケティング・広報部門で自社情報の発信を担当する人は必読の一冊。

伝説の授業採集

好奇心とクリエイティビティを引き出す

倉成英俊 著

■本体1900円＋税　ISBN 978-4-88335-550-1

正解のない問題に、あなたはどう解答しますか。自称「伝説の授業ハンター」の著者が、家庭や企業、国内と海外、有名と無名など、カテゴリーと時空を超えて採集した「伝説の授業」20選。凝り固まった「思考バイアス」がほぐされ、新しい発想を手に入れることができる。

地域の課題を解決する クリエイティブディレクション術

田中淳一 著

■本体1800円＋税　ISBN 978-4-88335-529-7

感覚に頼らず、自治体やローカル企業のプロジェクトを成功に導く、クリエイティブディレクションの方法論。全国38の都道府県で自治体や企業の課題解決に取り組んできた筆者が、地域ならではの事情を踏まえ、アイデアから実行に至るまで、豊富な事例を交え解説する。

広告ビジネスは、変われるか？

テクノロジー・マーケティング・メディアのこれから

安藤元博 著

■本体1800円＋税　ISBN 978-4-88335-549-5

高度情報社会の到来を受け、またメディア環境が激変する中で、広告産業における真のデジタルトランスフォーメーションとはどうあるべきなのか。総合広告会社で広告ビジネスの新たなモデル構築に挑む著者が、自身の取り組みをもとに近未来を予測しながら考察する。

宣伝会議 の書籍

クロスカルチャー・マーケティング
日本から世界中の顧客をつかむ方法
作野善教 著

■**本体2000円＋税**　ISBN 978-4-88335-559-4

海外の消費者や国内に住む外国人、訪日旅行客を見据えたマーケティングの考え方、組織づくり、市場・顧客分析、クリエイティブなどについて解説。国内市場の成熟が進むなか、日・米・豪で企業のマーケティングを支援してきた筆者による、これからの日本企業への指南書。

なまえデザイン
そのネーミングでビジネスが動き出す
小藥元 著

■**本体2000円＋税**　ISBN 978-4-88335-570-9

競合他社に埋もれない「商品名」、人を巻き込みたい「プロジェクト名」、覚えやすく愛される「サービス名」、社員のモチベーションをあげる「部署名」…それ、なんて名づけたらいい？数々の商品・サービス・施設名を手がける人気コピーライターが、価値を一言で伝えるネーミングの秘訣とその思考プロセスを初公開。

なぜウチより、あの店が知られているのか？
ちいさなお店のブランド学
嶋野裕介・尾上永晃 著

■**本体1800円＋税**　ISBN 978-4-88335-569-3

多くの個人や企業がネットショップやSNSを通じてビジネスする時代に不可欠となっている「SNSで注目される・知られる」ための方法。広告プランナーでSNSとPRのプロである著者2人が、そのために必要な「客観視」のやり方やSNS発信で使う「技」を解説。

わかる！ 使える！ デザイン
小杉幸一 著

■**本体2000円＋税**　ISBN 978-4-88335-551-8

仕事において、あらゆるシーンでかかわってくるデザイン。しかし、どう判断すべきかわからず、苦手意識がある人も多いのでは？デザインを依頼する側が自信を持ってデザインの良し悪しを判断できるようになる考え方のヒントと具体的な事例を紹介。

マーケティングの技法
The Art of Marketing

音部大輔 著

■本体2400円＋税　ISBN 978-4-88335-525-9

メーカーやサービスなど、様々な業種・業態で使われているマーケティング活動の全体設計図「パーセプションフロー・モデル」の仕組みと使い方を解説。消費者の認識変化に着目し、マーケティングの全体最適を実現するための「技法」を説く。ダウンロード特典あり。

なぜ「戦略」で差がつくのか。
戦略思考でマーケティングは強くなる

音部大輔 著

■本体1800円＋税　ISBN 978-4-88335-398-9

意味や解釈が曖昧なまま多用されがちな「戦略」という言葉を定義づけ、実践的な思考の道具として使えるようまとめた一冊。P&G、ユニリーバ、資生堂などでマーケティング部門を指揮・育成してきた著者が、ビジネスの現場で戦略を使いこなす方法について指南する。

実務家ブランド論

片山義丈 著

■本体1800円＋税　ISBN 978-4-88335-527-3

ブランドをつくる現実的な方法を、長年にわたって企業のブランディングを担当してきた実務家ならではの視点でまとめ上げた一冊。企業や商品が持っている価値を正しく伝えるために本当に必要なことは。ビジネスの現場で実践するためのポイントを徹底解説する。

手書きの戦略論
「人を動かす」7つのコミュニケーション戦略

磯部光毅 著

■本体1850円＋税　ISBN 978-4-88335-354-5

コミュニケーション戦略を「人を動かす人間工学」と捉え、併存するコミュニケーション戦略・手法を7つに整理。その歴史変遷と考え方を"手書き図"でわかりやすく解説。各論の専門書に入る前に、体系的にマーケティング・コミュニケーションを学ぶことができる。

山本 真郷（やまもと・まさと）

富士フイルム・インドネシア社長。慶應義塾大学大学院政策・メディア研究科修了後、富士フイルムに入社。入社以来、20年にわたり海外マーケティングを軸に、インスタントカメラ「チェキ」の商品企画／グローバルブランディング、新規ビジネスの立ち上げから海外現地法人の経営まで、幅広い仕事に携わる。その間、海外（シンガポール、フランス、インドネシア）に10年以上駐在し、幼少期の欧米生活と合わせて6カ国で約25年を過ごす。著書に『非営利組織のブランド構築−メタフォリカル・ブランディングの展開』（渡邉との共著、西田書店）。

渡邉 寧（わたなべ・やすし）

ホフステード・インサイツ・ジャパン代表取締役。慶應義塾大学大学院政策・メディア研究科修了後、ソニーに入社。7年にわたり国内／海外マーケティング（イギリス駐在含む）に従事後、ボストン・コンサルティング・グループに入社。メーカー、公共サービス、金融など、幅広い業界のプロジェクトに4年間従事。その後独立し、組織開発での企業支援を行う傍ら、ホフステード・インサイツ・ジャパンの経営に携わり、現在、京都大学大学院人間・環境学研究科博士課程で、文化とこころの問題について研究している。

世界の広告クリエイティブを読み解く

発行日	2023年6月22日　初版 第一刷
著　者	山本真郷・渡邉 寧
発行人	東彦弥
発行元	株式会社宣伝会議
	〒107-8550 東京都港区南青山 3-11-13
	TEL. 03-3475-3010（代表）
	https://www.sendenkaigi.com/
デザイン	加藤愛子（オフィスキントン）
DTP	次葉
印刷・製本	三松堂

ISBN 978-4-88335-575-4
©Masato Yamamoto / Yasushi Watanabe 2023 Printed in Japan

本書籍に掲載した事例は、月刊『宣伝会議』
2017年11月号〜 2021年8月号に掲載した記事を再構成したものです。